공장폐쇄

공장폐쇄

TBS와 뉴스공장을 위한 변명

송지연 지음

차례

추천의 말	정준희 | 비겁을 딛고 선, 한 인간과 연대하기	10
	임경빈 | 누구도 면책될 수 없는 폐쇄의 시간	16
	김 현 | 누가 공영방송 TBS를 죽였는가?	22

이 책을 읽기 전에
　　　　　방송작가의 눈으로 쓴 공영방송 해체의 기록　　　　26

1장　공장이 폐쇄됐다

그날 우리는 하나의 시대를 잃었다	35
뉴스공장을 위한 변명	37
언론이 언론을 배척할 때	40
침묵은 안일했고, 결과는 치명적이었다	43
공정성이라는 이름의 방패와 무기	44
나는 왜 감히 이 위험한 말을 하려는가	46

2장　TBS라는 이름의 공영방송

TBS는 교통방송이 아니다	51
대한민국 정규직 방송작가 1호	54
공영방송 역사상 가장 대담했던 '플랫폼 실험'	56
〈뉴스공장〉, 변화를 견인한 불씨	60
미완의 독립―실험은 어떻게 칼날이 되었는가	62

3장 조례 하나로 방송사를 죽이는 방법

조례 폐지라는 칼날	67
윤석열, 오세훈, 서울시의회의 삼각구조	70
TBS는 왜 1호 탄압 대상이 되었나?	72
오만하고 저급한 지방권력의 민낯	74
지원 조례 폐지와 공공성 해체의 도미노	77

4장 끊긴 예산, 강요된 굴복

제작비 0에 수렴하다	81
무너진 편성표, 버텨낸 사람들	84
"3년 반 뒤에 돌아오겠다"의 후폭풍	85
방송 역사상 가장 치욕스러운 다섯 개의 조치	88
'TBS 방송정상화 선언' 그 참회의 기록	93
법정제재라는 사후 심판대	95
법정에서 싸운 이유 – 기록으로 남긴 최후의 저항	97

5장 인용보도, 침묵을 강요당한 언론

김만배 녹취록 인용보도 사태	111
오! 시장이 격노했다!	113
감사했답니다 – 오세훈의 오리발	115
그리고 아무말도 없었다	117
권력의 정당성 위기와 과잉 통제 욕망	118

6장   생존 거래 – 민영화의 시간

아무도 원하지 않던 선언	123
민영화 구호는 어디에서 왔는가	124
5개월의 시간을 벌다	126
민영화 위장술 – 투자자 발굴 용역	128
폐국이 현실로 다가왔다	130
나는 무너지고 있었다 – 신념과 책임, 그 사이에서	132
책임 없는 권력 – 무주공산의 방송국	134

7장   방송 사유화의 명암

어느 날 갑자기 – 무자격자의 등장	139
공영방송의 문 앞에서 사적인 권력을 세우다	140
무임금 유노동·해고 압박 – 절벽 앞에 선 노동자들	142
편성권 침해에 맞선 PD들	144
무너지는 방송국 안에서	146

8장   공영방송 해체의 최종장

조용한 설계자	151
행안부는 왜 입장을 바꿨을까	153
정관개정은 전결사항이 아니다	156
고립된 방송사, 허락된 것은 아무것도 없었다	157
나는 왜 한 통의 전화를 후회했는가	160

9장 국정감사 – TBS를 둘러싼 정치의 말들

잘 짜여진 한 편의 연극무대 – 행안위 국감장	167
세금 낭비 프레임 – '24억'의 정체	169
'나는 안 했다' 프레임의 기술	173
"당신의 생각이 전체 의견입니까?"	175
그들이 진짜로 없애고 싶었던 것	177
모든 것은 김어준의 혀에서 시작됐다 – 과방위 국감장	179
"TBS는 누구의 것인가" – 방송의 주권에 대한 질문	181
'미친'이란 단어가 국감장에서 나왔다	184
'정쟁'이라는 말의 불온함	187

10장 법을 피한 자, 법을 붙든 자

단 하나의 탈출구가 봉쇄됐다	191
TBS에 소통령은 필요 없다	197
조직은 어떻게 한 사람에게 포획되는가	199
결과와 상관없이 기록해야 할 진실	202
그토록 원하던 공익법인이 되었지만	206
모래 위에 쌓은 전략의 자가당착	208
무너진 허상, 남겨진 질문	210

11장   침묵의 시대, 가장 먼저 말한 사람들

민언련과의 첫 만남   215
시민이 다시 쓴 조례   217
'6,461'이란 숫자가 남긴 것   219
언론아싸―우리는 서로를 처음으로 이해했다   222
언론의 자유를 지킨 건 늘 시민이었다   227
투쟁, 연대, 동지에 대하여   230

12장   유령선에 갇힌 사람들

방송을 멈추지 않는 이유   237
떠나가는 동료들, 무너지는 팀워크   238
무급 이후의 삶   240
답은 없다, 하지만 우리는 여전히 싸운다   241
이것은 TBS만의 싸움이 아니다   243

13장   내가 진짜로 하고 싶은 말들

우리는 정신줄을 놓지 않아야 했다	247
정치가 통째로 사라졌다	249
모든 기관이 사정기관이었다	251
권력은 물리력으로 입을 틀어막았다	253
〈뉴스공장〉은 편파적이지 않았다	256
팩트는 목적이 아니라 시작이다	258
〈이어즈&이어즈〉와 디스토피아적 세계	262
공영방송 지배구조는 왜 중요한가	264
내란과 알고리즘	266
TBS는 충분히 고통받았다	269

에필로그   나는 후회가 없도록 썼다   273

추천의 말

비겁을 딛고 선, 한 인간과 연대하기

정준희 한양대 미디어학과 겸임교수, TBS 〈정준희의 해시태그〉 전 진행자
그리고 이를 계승한 유튜브 채널 〈정준희의 해시티비〉 운영자

TBS만큼 찬란히 성공했다가 완벽히 절멸된 공영방송이 세상에 또 있을까. 불과 몇 년이라는 짧은 시간에 그 모든 일들이 일어났다. 새로운 실험을 위해 함께 했던 사람들을 나는 몹시 아끼고 사랑했으며, 그걸 삽시간에 무너뜨린 인간들의 잔혹함과 방조자들의 비겁함에 나는 치를 떨었다.

1990년에 개국한 TBS는 독특한 지역 공영방송이었다. 사실 공영방송으로서의 TBS의 역사는 그리 길지 않다. '서울특별시 미디어재단 TBS'라는 이름의 독립법인이 된 것이 2020년이니 길게 잡아봐야 고작 5년이다. 그전까지는 '교통방송'이라고 불렸고 흔히 말해 '시영방송'이었다. 내가 TBS에서 프로그램 진행을 맡고

있던 2020년 무렵만 해도 택시를 타면, 잠시 고민하다가 "기사님 '교통방송'으로 가주세요"라고 말하곤 했다.

2020년에서 2023년까지 딱 3년을 TBS와 일했다. 새로운 종류의 미디어 비평 프로그램을 만들어보겠다는 취지였다. 개인적으로는 내가 전공한 언론학의 가치를 시민에게 돌려주고 싶었던 것도 있었고, 공영방송 연구자로서, 세계적으로도 대단히 특별한 사례일 수밖에 없는 이 방송사를 통해 제도실험과 참여관찰을 해보고 싶다는 의지가 컸다. 자치정부의 직접적 영향력에서 벗어나 미디어 인력 스스로에 의한 편집권 독립과 제작 자율성을 실천하는 일. 설혹 정권이 교체된다고 하더라도 독립적 미디어 제작은 유지되며, 그 독립성은 시민과의 직접적이고도 끈끈한 결합에 의해 지속되도록 하는 일. 그것을 이룰 수 있다면 연구자로서 꿈에 그리던 '진짜 공영방송'을 탄생시키게 되는 것이었으니까.

TBS와 함께했던 그 3년 동안 나는 이 꿈이 하나씩 성사되어 가는 모습을 보며 이루 말할 수 없는 희열을 느꼈다. 서울시로부터 '지원'은 있되 '간섭'은 없었다. 누구나 새로운 아이디어를 고

안하려 했고, 그것들 중 상당수는 현실이 됐다. 제작진들은 소박하지만 열정과 재능이 있었으며, 무엇보다 겸손했다. 시민과 연결된 감각을 가진 이들이었기 때문이었다. 거대 공영방송인 KBS나 MBC 속에 있을 때에는 얻을 수 없었던 이 경험. 큰 땅에 큰 건물 거대한 설비들 속에서는 내가 기껏해야 '도구'가 된 느낌이었다면, TBS의 작은 땅 작은 건물 간소한 설비들 안에서 나는 한 '주체'로서 시민들의 의지와 대면했다. 큰 회사들이 사주는 푸짐한 밥을 얻어먹을 때보다, 내 지갑을 열어 질박한 술과 안주를 TBS 제작진들에게 사줄 때가 더 기쁘고 행복했다.

이 행복했던 실험은 3년을 넘기지 못했다. 시장이 바뀌자 '간섭'을 하되 '지원'은 없는 시스템으로 뒤집혔다. 이유는 단 한 가지. 〈김어준의 뉴스공장〉이 지닌 편향성이었다. 나름 이름값을 가진 공영방송 연구자로서 내가 말했다. 각자의 주관으로 판단한 편향성 여부로 방송사 하나를 날리는 만행은 세계사적으로도 유례를 찾아볼 수 없는 거라고. 편향성을 감히 '그들'이 재단한다는 것도 어불성설이지만, 고작해야 예산 규모 400억 원에 불과한 '시민방송'의 목줄을 무려 그 1000배가 넘는 45조 원 예산의 서울시가 쥐고 흔든다는 건 파렴치한 일이라고. 하지만 바로 그 '있을 수 없는 일'이 일어났다. 서울시가 돈을 못 주겠다면 직접 나서서 후원을 하겠다는 시민들이 줄을 서고 있었는데도, 시민 후원은 받아 쓸 수 없게 하고, 광고 등의 독자적인 재원 창구는 막아 놓고는, 지원 조례 폐지를 통해 밥줄을 끊었다. 시쳇말로, "가질 수 없다면 부숴버리겠다"는 막장 드라마 대사가 현실이 되었다.

이 과정에서 TBS는 거의 모든 이들에 의해 버림받았다. 특정 프로그램의 편향성을 들먹이던 서울시의회와 서울시는 공공자산을 자기 정파의 이익을 위해 활용했다. 이렇게 '객관적으로 명백한 편향성'이 더 문제인가 아니면 의견과 평가가 다양할 수밖에 없는 방송 프로그램의 '편향성 시비'가 더 문제인가? 이 뻔한 질문에 답을 하는 이가 없었다. 나는 저 뻔뻔한 자들의 명백한 악의보다도 짐짓 정의롭고 공정한 척하는 자들의 냉소적 방조가 더 무서웠다. 〈김어준의 뉴스공장〉에 들이밀던 편향성 잣대를 그들 스스로에게 적용했을 때, 그들의 명예와 밥줄은 온전할 수 있을까? 이 뻔한 질문에도 그들은 답을 하지 않았다. 그렇게 해서, 한 즐겁고 아름다웠던 '시민의 방송'이라는 실험이 잔혹하게 바스러졌다.

　송지연 작가가 이 모든 과정을 고스란히 기록했다. 나는 그의 우직함과 공의로움에 매번 놀란다. 무서웠을 텐데, 괴로웠을 텐데, 분노보다 더 힘든 배신감을 딛고 어떻게 그 자리에 아직까지 서 있을 수 있었던 것일까. TBS 회의실에서 만났던 그는 최초로 정규직 전환을 이뤘던 베테랑 작가였고, TBS 복도에서 마주쳤을 땐 노조위원장이 되어 있었으며, TBS 문제를 다루는 세미나 장과 거리에서 만났을 땐 투사로 변해 있었다. 모든 이들이 등을 돌리고 아무도 책임지지 않는 상태로 TBS가 버려져 있는 동안, 그는 단 한 번의 물러섬도 없이 호소했고 싸웠다. 그 어느 언론학자보다도 명징한 언어로 TBS의 문제를 규정하고 증언해낸 이 책을 읽으며, 그가 자신의 심장을 꾹꾹 눌러 하나하나의 글자로 바꿔냈음을 보았다. 아무도 기억하려하지 않는 그 처참한 사건들은 이렇게 절절한 피의 기록이 되었다.

　그래서, 이제 TBS는 어떻게 되는 건가? 솔직히 잘 모르겠다. 아직도 그 자리에서 버티고 있는 직원들도, 그 싸움을 여기까지 끌고 온 송지연 작가 스스로도 감히 무언가를 예상하거나 기대할 수 없을 테다. 잠시 중단되었던 '시민의 방송'의 꿈을 이어가려 한들 옛 친구들이 다시 모일 수 있을까? 설혹 새로운 실험이 전개될 수 있다고 하여도, 또 새로운 폭군이 등장하여 더 처절히 짓밟히지 않으리라는 보장이 있을까? 그 잘난 현업자들의 비겁함과 언필칭 전문가들의 거드름은 예나 지금이나 다를 바 없을 텐데?

하지만 이것 하나만은 알겠다. TBS의 남은 구성원들이 어떤 꿈을 꾸건, 그들에게 어떤 미래가 펼쳐지건 송지연 작가만큼은 여전히 우직하고 공의로울 것이다. 이런 비릿함을 참고 견뎌낸 이라면 그 어떤 흉포함 앞에서도 스스로를 잃지 않을 테니까. 그리고 나는 그런 송지연 작가와 함께 멋지고 발랄한 '시민 지향의 프로그램'을 언제고 만들어볼 생각이다. 그게 이 바닥을 사는 사람들의 자존심이자 기쁨이니까.

누구도 면책될 수 없는 폐쇄의 시간

임경빈 활동명 헬마우스, 정치평론가
전 JTBC 〈뉴스룸〉 작가, 전 TBS 〈신장식의 신장개업〉 출연자

TBS는 좀 이상한 방송사였다.

서울시민들에게 교통정보를 전달하는 목적으로 출발했지만, 2010년대 후반에 이 방송사는 한국에서 가장 강력한 시사 프로그램을 보유한 회사가 됐다. 심지어 국회 방송통신 담당 상임위원회 소속 국회의원조차도 '교통방송'이라고 일종의 멸칭으로 불렀지만, 지표는 그런 압력을 쉽게 뚫었다.

TBS의 〈김어준의 뉴스공장〉은 수년간 감히 엄두가 안 나는 독보적 청취율 1위 프로그램이었고, 나중에는 〈신장식의 신장개업〉까지 더해 라디오 전체 청취율 1·2위를 동시에 보유한 회사가 됐다. 그런데도 TBS는 바로 그 압도적인 프로그램들 때문에 무시

받고, 탄압당했다.

　나는 TBS 〈신장식의 신장개업〉의 첫 코너인 '뉴스브리핑'에 1년 4개월간 출연했다. 오후 시사 프로그램 1위였는데도, 스튜디오 앞 대기실에는 늘 무거운 공기가 흘렀다. 담당 PD나 작가와 자투리 시간에 나누는 대화의 주제는 대부분 "앞으로 우리는 어떻게 되는가"였다. 그때 TBS의 분위기, 현장에서 프로그램을 돌리던 사람들의 표정, 서로에게 전해지던 긴장. 『공장폐쇄』는 바로 그 공기를 문장으로 옮긴 책이다.

　정권이 방송을 없애면 기자는 그걸 '뉴스'라고 쓰고, 평론가는 '현상'이라 말한다. 하지만 그 안에 있던 사람들에게는, 그게 바로 '삶'이었다. 기사는 '폐지' 이후 며칠간 쏟아지고 곧 조용해지지만, 삶은 폐지 이후에도 계속된다. 무너진 상태에서도 사람들은 살아가야 한다. 『공장폐쇄』는 그 삶의 무너짐을, 방송작가의 언어로 서술한 책이다. 방송이 사라진 자리에 남은 공기와 감정, 기록과 책임이 이 책에 고스란히 담겨 있다.

이 책을 쓴 송지연과 나는 방송작가 시절부터 서로를 알고 있던 '작가 동료'였다. 내가 JTBC〈뉴스룸〉에서 작가로 일하던 시절, 저자도 같은 시기, 같은 언어를 다뤘던 시사 프로그램 작가였다. 또한 우리는 방송작가 노조가 만들어지는 과정에 함께 참여했던 '조합원 동지'이기도 했다. 따라서 저자 송지연이 살아냈던 그 시기를 함께 공유한 사이였다. 그래서 누구보다 이 책이 왜 쓰여져야 했는지를 이해할 수 있었다. 아마도 송지연은, 쓰지 않고서는 견딜 수 없었을 것이다.

현장에서 뉴스가 어떻게 포착되고 만들어지는지, 또 어떤 뉴스를 골라 어떻게 전달해야 하는지 직업적으로 숙련된 사람이 시사 방송작가이다. 매일 만나는 모든 뉴스를 전부 방송에 담을 수는 없다. 무엇을 내보내고 버릴 것인지 선택하고 책임지는 게 우리 일이다. 그런데 어떤 뉴스는 쓰지 않을 수 없게 만드는 것들이 있다. 보도 가치를 넘어서, 본능이 신호를 보낼 때가 있다. 송지연이 살고 있던 '공장'이 무너졌다. 아마도, 쓰지 않을 수 없었으리라.

그래서 이 책은 단순한 회고록이 아니다. 『공장폐쇄』는 "언론이 어떻게 무너졌는지"를 가장 정확하게 정리한 기록이자, 삶을 복원하고자 하는 한 노동자의 몸부림이다.

> 예산으로 방송을 조이는 방식
> 조례 하나로 언론을 해체하는 수순
> 내부의 침묵과 외부의 방관이 만들어낸 무력함

이런 내밀한 정보들이 치밀하게 정리돼 있다. 하지만 어떤 문장들은 숨을 멈추게 한다. 푸른 불꽃처럼 담담하게, 저자는 싸우지 못했던 우리들, 침묵했던 우리들을 호명한다. 스스로에게도, 동료들에게도 면죄부를 주지 않는다. 잘나가던 방송사 하나가 한순간에 문 닫게 생겼는데, 우리는 뭘 하고 있었느냐고 힘주어 묻는다. 회피는 빠르지만, 책임은 오래 따라온다.

TBS가 무너질 때, 간판 프로그램의 주요 출연자였던 나도 그때 뭘 하고 있었는지 스스로 묻지 않을 수 없게 만든다. 무슨 일이 벌어지고 있는지 알고 있었지 않느냐고, 할 수 있는 일을 충분히 했느냐고. 송지연은 그 시간을 밖으로 꺼내, 그때 말하지 못했던 사람들을 함께 담아낸다.

방송작가 출신 중 이렇게까지 방송환경의 본질적 구조를 짚고, 직접 싸운 사람의 시선으로 끝까지 글을 밀어붙인 경우는 드물다. 어차피 프리랜서 인생, 언젠가 다시 현장에서 마주칠 사람들을 굳이 아프게 찔러봐야 얻을 게 없다고들 생각하기 때문이다. 그럼에도 『공장폐쇄』는 끝까지 들어간다. 그 바닥면에 이 문제의 원인이자, 과정이자, 결과가 있다.

『공장폐쇄』는 언론인만을 대상으로 한 격문이 아니다. 지금의 언론이 왜 시민과 멀어졌는지, 왜 진실을 말하길 주저하게 됐는지, 왜 공영방송이 여전히 필요한지를 모든 시민들에게 묻는다. 방송을 좋아했던 사람, 매일 아침 라디오로 하루를 시작하던 청취자, "이 방송 왜 사라졌어요?"라고 물었던 시민들까지-모두에게 이 책은 하나의 대답이 될 것이다. 『공장폐쇄』는 끝이 아니라 시작을 이야기한다. 복원을 말하기 위해, 반드시 폐쇄를 기록해둬야 했던 사람이 쓴 책이다. 그래서 이 책이 TBS 복원의 시작점이 될 것이라 믿고 싶다.

누가 공영방송 TBS를 죽였는가?

김현 국회의원(더불어민주당)
제22대 국회 과학기술정보방송통신위원회 간사

TBS 사태를 처음 접했을 때, 정치인이기 이전에 한 사람의 시민으로서 깊은 충격을 받았다. 하나의 프로그램을 문제 삼아, 한 방송사를 사실상 해체하는 일이 실제로 벌어지고 있다는 사실은 민주주의 사회에서 결코 있어서는 안 될 일이다. 상식적으로도 납득하기 어려운 일이지만, 그 일은 현실이 되었다.

『공장폐쇄』는 이러한 비상식이 어떻게 가능했는지를 추적한 기록이다. 35년 역사의 지역 공영방송이 어떤 정치적 압력과 제도적 방치 속에서 해체됐는지, 그 과정을 구조적 맥락 속에서 세밀히 되짚는다.

현장을 누구보다 가까이에서 지켜본 저자의 글에는 외부에서는 알기 어려운 긴장과 침묵, 그리고 나 역시 이 책을 통해 처음 알게 된 수많은 사실들이 고스란히 담겨 있다.

TBS는 서울이라는 수도에서 행정과 공공을 연결해온 중요한 공영방송이다. KBS와 함께 수도권 공론장을 구성해온 양대 축이었고, 일상 속 민주주의를 실현하는 언론의 최전선에 있었다. 그런 방송이 정치적 판단에 따라 흔들리고 해체 직전까지 내몰린 상황은, 언론의 자유와 지방자치의 기반이 얼마나 쉽게 위협받을 수 있는지를 여실히 보여준다.

나는 제22대 국회에 입성한 직후, 서울시의 TBS 지원 조례 폐지를 규탄하는 기자회견에 가장 먼저 참여했다. 이후 과방위 간사를 맡으며, TBS가 국정감사 대상에 포함될 수 있도록 지속적으로 문제를 제기해왔다. 돌이켜보면, 방통위 활동 시절 상업광고 허용과 재정 자립 방안 논의에 보다 힘을 실어주지 못했던 점은 깊은 아쉬움으로 남는다. 그 시기 민주당이 서울에서 충분한 정치적 기반을 확보하지 못한 것도 TBS를 정치적으로 고립시키는 원인이 되었고, 이는 구조적 방어선이 얼마나 취약했는지를 보여준다. 언론의 독립성과 공공성은 선언만으로 지켜지지 않는다. 법과 제도로 뒷받침될 때 비로소 지속가능하다. 그런 점에서, 이번 사태는 정치권이 공영방송의 제도적 기반을 얼마나 단단히 설계해야 하는지를 일깨운 계기이기도 하다.

무엇보다 분명히 짚고 넘어가야 할 점은, 이번 사태가 대한민국 헌정사에서 유례없는 방식으로 벌어졌다는 사실이다. 지방정부가 정치적 불편함을 이유로 공영방송의 예산을 전액 삭감하고, 조례를 폐지하며, 출연기관 지위까지 박탈한 사례는 찾아보기 어렵다. 이는 단순한 지방정책의 문제가 아니라, 헌법이 보장하는 표현의 자유와 알 권리를 제도적으로 침해한 사건이다. 그 진상은 반드시 규명돼야 하며, 그에 따른 정치적·제도적 책임 또한 분명히 물어야 한다.

『공장폐쇄』는 그 모든 과정을 증언하는 기록이자, 질문을 던지는 책이다. 왜 침묵했고, 어디서 무너졌으며, 어떻게 다시 회복할 수 있는가. 이 책은 단지 TBS의 이야기가 아니다. 지금 한국

사회가 마주한 민주주의의 경계선에 관한 이야기이며, 공영방송을 지키는 일이 곧 공동체를 지키는 일임을 상기시키는, 민주주의 회복을 위한 분명한 이정표다. 폐쇄된 공장의 문을 다시 여는 일은, 단지 방송국의 재개가 아니라 민주주의 회복의 출발점이다. 그 일은 정치인만이 아닌, 이 사회를 지키려는 모든 시민의 몫이다. 그리고 이 책은 그 첫걸음을 함께 내딛게 해줄, 아주 중요한 나침반이 될 것이다.

이 책을 읽기 전에

방송작가의 눈으로 쓴 공영방송 해체의 기록

나는 방송작가다. 세상의 가장 복잡한 사안들을 가장 단순한 언어로 바꾸는 일을 한다. 정보가 닿지 않는 사람에게까지 진실이 닿도록, 단어의 길이를 줄이고, 의미의 무게를 조절한다. 나는 말과 사람 사이의 간격을 좁히는 사람이다.

언젠가 유시민 작가가 자신을 '지식소매상'이라고 소개한 적이 있다. 그 표현을 들었을 때, 나는 신선한 충격을 받았다. 자신의 위치를 너무나 적확하게 표현했다. 어쩌면 그는 박사학위나 정통 학술기관이라는 기준 없이 활동한다는 이유로 외부의 시선에서 '비전문가'로 분류될 수 있다는 사실을 충분히 인지하고 있었을지도 모른다. 하지만 동시에, 유시민 작가는 자신을 경제학자이자 작가, 논객이자 방송인이라는 다양한 정체성으로 살아내며, 스스로를 어떤 이름으로든 정의할 수 있는 유연한 사람이다. 그래서 나는 '지식소매상'이라는 그 표현이, 단지 방어적 선택이 아니라 오히려 이 시대 최고의 지식소매상으로서의 자의적 선언이었다고 생각한다. 나는 그 태도를 존중했고, 그 시선을 곧바로 내 직업에 대입하게 되었다.

내가 방송에 섭외한 수많은 출연자들도 사실은 지식소매상이다. 지식을 압축하고 번역해, 대중에게 효과적으로 전달하는 사람들. 그들은 전문지식을 삶의 언어로 바꾸는 일을 하는 사람들이다.

그런 의미에서, 방송작가인 나는 지식소매상들에게 대체로 우호적이다. 지식과 정보는 그 자체로 중요하지만, 그것이 도달해야 할 사람들에게 닿지 않는다면 무용하다. 전문가들이 만든 침묵의 카르텔보다, 가끔은 거칠고 과장된 지식소매상의 언어가 세상을 더 많이 움직인다.

나는 아이작 아시모프의 책을 읽고 과학에 흥미를 느꼈다. 그가 과학계에서 어떤 평가를 받는지는 모른다. 그러나 그가 쓴 책은, 어린 시절 내게 처음으로 세상은 질문할 수 있는 것이고, 설명될 수 있다는 감각을 안겨주었다. 물론 리처드 도킨스처럼 학문성과 대중성을 동시에 인정받는 인물도 있다. 인간 중심의 사유에서 유전자 중심의 사유로 전환한 그의 사고는 대중과 전문가 모두에게 존경받는 예외적인 사례일 것이다. 그러나 나는 그렇게 완벽하지 않아도 괜찮다고 생각한다. 때로는 전문성보다 더 멀리 닿는 말이 있다.

그럼에도 전문성을 지닌 이들, 이른바 '순혈주의적 전문가 집단'은 종종 지식소매상을 은근히, 혹은 노골적으로 폄하한다. 그들은 '가볍다'고 말하고, '깊이가 없다'고 평가하며, 자신들만의 언어와 관문을 통과하지 못한 자들을 동료로 인정하지 않는다. 나는 그런 태도가 불편하다.

나는 방송작가로 일하며 수많은 지식소매상들과 일했다. 그들은 대중이 사랑하는 존재였고, 그 사랑에는 언제나 이유가 있었다. 그런 그들을 '가볍다'고 '위험하다'고 하는 이들에게서 오히려 어떤 방어기제를 느끼곤 했다. 때로는 그들의 우월감과 폐쇄적 카르텔이 더 위험하다고 느꼈다.

그 대표적인 예가 법조계다. 법률 용어는 지금도 너무 어렵다. 일반 시민이 이해하기엔 너무 난해하고, 불필요하게 복잡하다. 정부는 수차례 법률용어 순화 작업을 시도했지만, 쉽게 고쳐지지 않는다. 이유는 분명하다. 그 복잡한 언어가 법조 카르텔의 울타리 역할을 하기 때문이다. 그 말을 이해할 수 있어야만 법을 다룰 수 있다는 전제, 그 문장에 접근하지 못하는 이들을 '비전문가'로 돌려세우는 문화, 그 폐쇄성이야말로, 지식의 힘을 권력화시키는 방식 중 하나다.

그래서 나는 이번 헌법재판소의 윤석열 탄핵 판결이 그 모든 흐름을 정면에서 비틀었다는 점에서, 솔직히 좋았다. 그 판결문은 어렵지 않았다. 법률 용어로 뒤덮인 벽이 아니라, 모두가 알아들을 수 있는 언어로 진실을 설명하는 글이었다. 그래서 사람들은 더 쉽게 환호했고, 더 빠르게 납득했다. 말이 열린다는 건, 진실이 모두에게 도달한다는 뜻이다.

그건 법과 말 사이의 오래된 간극이 사라진 순간이었고, 대중이 품고 있던 결핍에 대한 정확한 응답이었다. 나는 그 언어의 선택에 진심으로 박수를 보낸다.

문학하는 이들 중에는 등단이라는 제도적 절차를 통과하지 않으면 작가로서의 자격이 없다고 말하는 사람들이 있다. 일부는 베스트셀러로 단숨에 대중의 사랑을 받은 이를 '글 장사는 잘하지만, 문학은 아니다'라는 식으로 쉽게 매도한다. 하지만 나는 대중의 언어를 사로잡는 능력 또한, 문학이라는 이름으로 충분히 존중받아야 한다고 생각한다.

기자들도 마찬가지다. 기성 언론, 메이저 언론사 소속 기자들일수록 대중적 저널리스트들 - 이를테면 김어준 같은 존재 - 를 '비전문적'이라거나 '선동적'이라며 무시하는 태도를 취한다. 그러나 나는 오히려 그런 시선에 반감을 느낀다. 권력과 가까이 있는 언론이 가장 위험한 침묵을 만들고 있다는 것을, 지금 우리는 충분히 목격하고 있지 않은가.

지식은 전달되어야 한다. 말은 닿아야 한다. 권위 안에 갇혀 있는 지식은 결국 권력을 위해 봉사하게 된다. TBS는 그런 지식 소매상들의 무대였다. 진보와 보수, 시민과 전문가, 날것의 언어와 정제된 정보가 공공의 마이크 안에서 충돌하고 소통하던 공간. 나는 그 공간에서 말의 윤리를 고민했고, 그 공간이 무너지는 과정을 지켜봤다.

그렇기에 이 책은, 말의 쓸모와 침묵의 위험을 누구보다 가까이서 지켜본 사람이 쓴 정직한 기록이기도 하다. 그렇기에 나는, 〈김어준의 뉴스공장〉과 TBS에 대해 우호적인 시선을 가질 수밖에 없었던 사람이다. 많은 이들이 그 프로그램을 두고 '저널리즘이 아니다', '편향적이다'라고 말했지만, 나는 오히려 〈뉴스공장〉이 지극히 대중적인 방식으로 진실을 전하려 했던 이 시대의 중요한 통로 중 하나였다고 느낀다.

TBS는 그런 프로그램을 품을 수 있었던 방송사였다. 대중과의 소통을 고민했고, 공적 언어의 윤리를 끝까지 붙잡으려 했던 조직이었다. 나는 그 조직과 잘 맞는 사람이었고, 그곳을 사랑할 수밖에 없었다.

물론 그 안에는 결함도 있었고, 우리가 끝내 지키지 못한 것도 많았다. 하지만 나는 그 결함을 함께 안고라도 TBS를, 뉴스공장을 변호하고 싶었다. 그런 방송사가, 그런 프로그램이 이 시대에 하나쯤은 남아 있어야 한다고 믿기 때문이다. 이 책은 그래서 남긴다. 그 시절, 우리가 함께 통과했던 TBS를 기억하기 위해. 누군가는 반드시 써야 했던 기록으로. 그래서 이 책은, '그 시절 우리가 사랑했던 방송사' TBS에 바치는 한 사람의 증언이다.

1장
공장이 폐쇄됐다

TBS는 무너졌다. 우리가 지키지 못한 결과였다. 뉴스공장은 사라졌고, 시민과 함께 쌓아올린 신뢰도 무너졌다. 권력은 치밀하게 움직였고, 언론은 조용히 물러섰다. 시민은 점점 목소리를 잃어갔다. 이 장은 그 침묵의 기록이다. 그리고 무너지는 순간들을 가장 가까이에서 지켜본 한 사람의 증언이다. 우리가 무엇을 잃었는지, 어디에서 무너졌는지, 그리고 왜 다시 같은 침묵을 반복해서는 안 되는지를.

그날 우리는 하나의 시대를 잃었다

2022년 12월 30일. 〈김어준의 뉴스공장〉이 마지막 방송을 끝으로 사라진 날이다. 그날은 예고된 사망 선고처럼 찾아왔다. 나는 평소처럼 라디오를 켜지 못했다. 누군가는 마지막 인사를 들으려 주파수를 맞췄겠지만, 나는 도저히 들을 용기가 나지 않았다. 그동안 가슴 졸이며 오지 않기를 바랐던 장면이, 마침내 현실이 되었다. 같은 날, 〈신장식의 신장개업〉과 〈아닌 밤중에 주진우입니다〉도 막을 내렸다. 시민들이 사랑한 세 개의 프로그램이, 같은 날 동시에 사라졌다. 그날 이후, 김어준의 목소리는 더 이상 지상파 라디오에서 흘러나오지 않았다. 우리는 그것을 '종영'이라 부를 수 없었다. 편성의 자연스러운 끝맺음이 아니었기 때문이다. 그것은 명백히 권력이 내린 결정이었고, 서울시가 예산을 무기 삼아 공영방송을 무너뜨린 조치였다.

그날 우리는, 마치 심장을 도난당한 것 같은 상실감을 느꼈다. 애써 쌓아올린 노력과 시간들이 한순간에 무너지는 걸 속수무책으로 지켜볼 수밖에 없었다. 〈뉴스공장〉의 사라짐은 TBS 해체의 시작점이자, 우리 시대 공론장의 종말을 의미했다.

나는 자주 그런 상상을 하곤 했다. 미국처럼, 한 진행자가 수십 년간 하나의 프로그램을 이끌며 그 방송사의 얼굴로 자리잡는 장면을. 〈뉴스공장〉이 TBS의 대표 프로그램으로 오래 남아 우리 시대를 함께 통과해 주기를 바랐다. 하지만 그 꿈은 너무 쉽게 부서졌다. 이후 방송은 멀쩡한 듯 흘러가는 것처럼 보였지만, 내부는 서서히 파괴됐다. 출연자들은 떠났고, 제작비는 끊겼고, 사람들도 하나둘 자취를 감췄다. 남은 것은 채워지지 않는 빈자리들뿐이었다.

무엇보다 아팠던 건, 그 모든 과정을 지켜본 시민들의 상실감이었다. 프로그램 폐지를 예감한 시민들은 TBS 앞으로 응원의 꽃다발과 선물, 손편지를 보냈다. 자신들의 목소리가 사라지는 걸 그저 지켜볼 수 없다는, 절박한 몸짓이었다. 하지만 아무것도 지켜지지 않았다. 그 어떤 진심조차, 무너짐을 되돌릴 수는 없었다. 공영방송이라는 이름으로 존재했던 공간이 무너질 때, 그 안에서 함께 쌓아온 시간들도 함께 사라졌다. 그 무너짐은, 말로 담아내기 어려울 만큼 무거운 고통이었다.

그날 우리는 프로그램 하나를 잃은 게 아니었다.

하나의 시대를 잃었다.

뉴스공장을 위한 변명

〈김어준의 뉴스공장〉을 둘러싼 사회적 인식은 극명하게 갈렸다. 언론인들 사이에서는 "편향적이다", "김어준은 도를 넘었다"는 말이 익숙하게 오갔다. 그러나 시민들의 평가는 전혀 달랐다. "뉴스공장을 통해 세상을 새롭게 보기 시작했다", "뉴스공장 말고 들을 뉴스가 없다" 언론 내부와 시민사회 사이의 인식 격차는 생각보다 훨씬 깊었고, 이 프로그램이 무엇을 의미했는지에 대한 시선 역시 엇갈렸다. 〈김어준의 뉴스공장〉은 그 존재 자체로 한국 언론의 구조적 결함을 드러내는 일종의 현상이었다.

〈김어준의 뉴스공장〉은 사랑받았고, 미움받았으며 무엇보다 두려움의 대상이었다. 김어준이라는 인물에 대한 호불호를 떠나, 이 프로그램이 가진 위력은 누구도 부정할 수 없다. 〈뉴스공장〉은 아주 구체적이고도 불편한 질문을 던졌다. 라디오라는 매체가 도달할 수 있는 영향력의 경계를 끝까지 밀어붙였다. 무엇보다 이 프로그램은 기성 언론이 만들어온 관행과 권위를 정면으로 부수는 형식을 택했다. 그 방식은 때때로 과장됐고, 거칠었다.

그러나 그 어떤 뉴스보다 '실체에 가까운 질문'을 던졌다는 점에서 독보적이다. 김어준은 기존 언론이 취사 선택했던 사건의 일부가 아니라, 감춰진 진실의 조각들을 적나라하게 끄집어냈다. 그건 뉴스가 아니라 전투였고, 청취자는 그 전장의 목격자이자 동참자였다.

〈뉴스공장〉이 택한 형식은 기성 언론에 불편함을 주기에 충분했다. 그것은 일부 언론이 소홀히 해온 '비판'과 '해석'의 기능을, 대중의 언어로 되살려내고 있다는 위기감에서 비롯된 것이었다. 언론이 보도하지 않거나, 힘의 균형을 의식하며 조심스럽게 보도하던 사안을 〈뉴스공장〉은 거리낌 없이 꺼냈고, 뉴스가 피해가던 골목을 일부러 걸어가듯 보도했다. 그리고 그것은 사람들이 진짜 궁금해하던 이야기였다. 〈뉴스공장〉이 많은 이들에게 특별했던 이유다.

물론 이 프로그램이 언제나 옳았던 것은 아니다. 때로는 검증되지 않은 주장으로 논란을 빚었고, 일부 편향성에 대한 비판도 피할 수 없었다. 그러나 언론의 가치는 완벽함이 아니라 다양성에 있다. 〈뉴스공장〉은 그 자체로 존재할 이유가 충분했다. 다원주의적 언론환경에서 중요한 것은, 모든 관점이 존재하는 것이다. 이 프로그램은 단순한 하나의 관점을 넘어, 기존 언론이 놓친 핵심 기능을 대체해 버린 전례였다. '기레기'라는 말이 대중문화의 일부가 될 정도로 언론 불신이 만연한 시대에, 〈뉴스공장〉은 제도 언론이 외면한 질문을 던지고, 누락된 맥락을 되살려냄으로써 새로운 공론장을 열었다. 동시에 그것은, 분노한 시민들이 자신의 억압된 감정을 정당하게 해소할 수 있는 드문 해방구이기도 했다.

〈김어준의 뉴스공장〉은 결국, 언론이 왜 신뢰를 상실했는지를 날카롭게 반사한 거울이자, 시민들이 왜 전통 매체를 벗어나 '다른 목소리'를 찾아 나섰는지를 보여주는 확실한 증거였다. 바로 이 지점에서 우리는 지금의 언론 구조를 직시할 수밖에 없다. 언론이 권력에 예민하지 않고, 진실보다 '형식적 균형'을 앞세우며, 공정이라는 이름으로 책임 회피를 반복할 때, 시민은 '다른 언론'을 만든다. 〈뉴스공장〉은 그런 시민의 선택이자, 기존 언론 질서에 대한 집단적 저항이었다.

왜 사람들은 아침마다 그 프로그램을 들었을까?
왜 하나의 방송이 그렇게도 많은 시민에게 일상이 되었나?
그리고 왜, 그 목소리는 공영방송에서 사라져야만 했을까?

이 질문은 〈김어준의 뉴스공장〉이 한국 언론 구조에 던진, 가장 본질적이고도 뼈아픈 질문으로 남았다.

언론이 언론을 배척할 때

 가장 깊은 배신은 가장 가까운 곳에서 온다. TBS가 정치적 해체 위기에 놓였을 때, 나를 가장 흔들었던 것은 서울시도, 국민의 힘도 아니었다. 바로 언론이었다. 정확히 말하자면, 내가 속해 있던 세계, 내가 믿고 기대었던 공동체였다. 나는 그 세계의 이면을 누구보다 가까운 곳에서 마주해 왔다. 시민의 목소리를 전하는 방송작가로서, 동시에 TBS를 대표하는 노조 간부로서, 나는 서로 다른 두 세계의 기대와 현실 사이를 오가야 했다. 그리고 그 두 세계가 충돌하던 순간, 나는 선택의 어려움과 정체성의 혼란을 깊이 실감했다.

 TBS가 공격받고 있다는 걸 처음 실감한 건 서울시의회에 'TBS 폐지 조례안'이 상정되었을 때였다. 서울시가 시민의 세금으로 운영되는 공영방송을 없애려는 사상 초유의 사태였다. 당연히 언론들이 들고일어날 줄 알았다. 그러나 그 기대는 산산이 무너졌다. 대부분의 언론은 입을 다물었다.

 "김어준만 빠지면 되는 거 아니야?", "그동안 너무 정치적이었잖아. 이제는 정리될 때지." 놀랍게도 이 말들은 정치권이 아니라, 언론계 내부에서 나왔다. 같은 노동조합 이름 아래 활동했던 동료들, 기자들, 심지어 우리 조직 내부에서도 들려온 말들이었다. 함께 싸워야 할 사람들이 오히려 탄압의 명분을 되풀이하고 있었다. 그날의 충격은 아직도 선명하다.

"여러분께 묻겠습니다. 김어준의 뉴스공장이 정말 공정했다고 생각하십니까?"

당시 전국언론노조 위원장이 TBS를 찾아와 남긴 말이었다. 순간, 귀를 의심했다. 그 시점에, 그런 질문의 형태로 내부 구성원에게 던져졌다는 사실이 믿기지 않았다. 우리는 특정 진행자를, 특정 프로그램을 감싼 것이 아니었다. 우리가 지키고자 했던 것은, 권력의 간섭에도 흔들리지 않는 방송의 자율성과 언론이 언론일 수 있는 최소한의 존엄이었다.

그 질문은 서울시의회가 던진 프레임과 본질적으로 다르지 않았다. 그 순간 나는 분명히 깨달았다. 이 싸움은 권력만을 상대로 하는 싸움이 아니라는 것을. 가장 가까운 연대체가 우리를 비정상으로 낙인찍고 있었다. 그의 질문은 단순한 오해가 아니었다. 그것은 언론 생태계 내부에 깊이 뿌리내린 구조적 차별, '비주류 언론'에 대한 무의식적 우월감의 발현이었다.

나는 당시 수많은 기사 제목을 기억한다. '편파방송', '김어준 퇴출', '세금 먹는 하마' 맥락도 없이, 무차별적으로 쏟아졌다. 그 기사들 속에는 TBS를 지탱하던 수백 명의 방송노동자도, 시민과 연결된 수많은 프로그램도 존재하지 않았다. 우리는 그들의 문장 바깥에서 삭제되었다. 적어도 초기 탄압 국면에서, TBS 사태는 '정치적 논란을 자초한 유튜브급 방송'에 대한 불가피한 정리 과정으로 취급됐다. '정치권력에 의한 공영방송 무력화'라는 구조적 위기는 단순한 편파 논란과 내부 조정 문제로 축소됐다. 〈김어준의 뉴스공장〉이 한국 언론 구조를 비추는 거울이었다면, TBS가 무너질 때 드러난 언론의 침묵은 그 거울을 깨뜨린 손이었다. 언론이 다른 언론을 '문제적 존재'로 낙인찍고 배제했다.

언론이 언론을 배척한 그 자리엔 불신과 상처가 쌓였고, 시민의 권리는 그만큼 밀려났다. 언론이 침묵을 선택할 때, 그 침묵이 권력의 폭력에 어떻게 묵시적으로 동조하게 되는지를 나는 뼈저리게 느꼈다. 그래서 이 기록은 필요하다. 나는 증언해야 한다. 우리는 언론이었다. 그리고 언론으로서, 철저히 고립당했다.

침묵은 안일했고, 결과는 치명적이었다

"설마 방송국을 문 닫게 하겠어?"

TBS가 흔들릴 때, 많은 이들이 그렇게 생각했다. 그러나 그 판단은 안이했고, 그 기대는 근거 없는 낙관에 가까웠다. 시간이 흐른 뒤에야 우리는 뼈아프게 깨달았다. 윤석열 정권은 단지 비판적 언론을 견제하려 한 것이 아니었다. 그 존재 자체를 체계적으로 제거하려 했다. TBS는 그 의지의 출발점이었다. 그리고 그 의지가 가능하도록 만든 것은 언론의 침묵과 방관이었다. 그 대가는 지금, 공영방송 전반이 함께 치르고 있다.

TBS는 사실상 정치권력에 의해 노골적으로 해체된 최초의 공영방송이 되었다. 조례 폐지, 예산 삭감, 법정 제재, 출연기관 해제. 모든 과정은 기가 막힐 정도로 막무가내였고, 잔인하게도 '합법'이라는 외피를 입고 진행되었다. 그런데도 주류 언론은 이 사태를 TBS 내부 문제로만, 혹은 〈김어준의 뉴스공장〉이라는 예외적 사례로만 간주했다.

하지만 이제는 명확히 말할 수 있다. TBS는 '테스트베드 test bed'였다. 그곳에서 언론 통제의 전략이 처음 시험되었고, 효과를 확인한 권력은 거침없이 다음 단계를 밟았다. 칼날은 곧바로 KBS,

MBC, YTN으로 향했다. 그들이 겨냥한 것은 이제 한 프로그램이 아니라 공영방송의 비판 기능, 감시 기능, 시민의 플랫폼으로서의 힘이었다. TBS는 그들 눈에 가장 취약한 고리였고, 그래서 가장 먼저 제거된 것이다. 우리가 TBS를 지켜내지 못한 대가는 너무 컸다. 우리는 가장 먼저 전선에서 쓰러졌고, 그 이후 누구도 안전하지 않았다.

공정성이라는 이름의 방패와 무기

'공정성'은 저널리즘에서 가장 익숙한 방패이자, 가장 위험한 무기다. TBS에 가해진 수많은 제재와 정치적 압박은 언제나 '공정하지 않다'는 프레임에서 시작됐다. 그러나 그 '공정성'은 철저히 권력이 정의한 기준에 불과했다. 그 정의를 비판하지도, 성찰하지도 않은 언론은 결국 권력의 언어를 복사하는 데 그쳤다. 이제 우리는 더 이상 '편파냐 공정이냐'는 낡은 이분법에 머물 수 없다. 진짜 중요한 것은, '언제 말하는가'이며, '누구를 위해 말하는가'이다.

엘리트 저널리즘은 오랫동안 '권력과의 적정 거리'를 유지하는 것을 최고의 덕목으로 여겨왔다. 그러나 그 거리는 항상 '시민과의 거리'를 포기하는 방식으로 유지되었다. 권력은 침묵에 익숙한 언론을 사랑했고, 시민은 언론 없는 사회를 상상하기 시작했다. TBS는 그 경계에서 "우리는 다르게 말하겠다"고 선언한 언론이었다. 기성 언론은 그 선언을 저급한 옐로우 저널리즘으로 폄하했고, '편향성'이라는 편리한 혐의로 낙인찍는 데 집중했다. 그들의 윤리는 '위험한 동료' 하나를 제거함으로써 언론 생태계의 질서를 유지할 수 있다는 보신주의로 축소되어 있었다. 이제 우리는 선택해야 한다. 시민의 언어를 회복할 것인가, 아니면 권력의 프레임에 갇힌 해설자로 남을 것인가.

뉴스공장은, TBS는, 비판받을 수 있다. 그러나 그것이 '사라져야 할 이유'가 될 수는 없다. 언론은 언제나 '불완전하지만 필요한 것'이어야 한다. 모든 목소리를 완벽히 공정하게 다루지 못할 수 있다. 그러나 어떤 목소리를 애초에 삭제하려는 의지는 민주주의의 이름으로 불릴 수 없다.

언론은 이미 시민으로부터 멀어졌다. 뉴스는 더 이상 공급자가 원하는 방식대로 소비되지 않는다. 신뢰는 무너졌고, 그 신뢰는 개별 언론인의 성실함만으로는 회복되지 않는다. 이제 저널리즘의 구조 자체를 다시 설계해야 한다. 권력으로부터의 거리만큼, 시민과의 거리도 측정해야 한다. 이제는 말해야 한다. 이 구조는 낡았다. 다시 쓰여야 한다. 시민과의 거리를 좁히는 새로운 언론 윤리가.

나는 왜 감히 이 위험한 말을 하려는가

내가 이 책을 쓰는 이유는 단 하나다. 이 말을 할 수 있는 자리에 있었고, 이 말을 해야 할 책임이 나에게 있기 때문이다. 나는 단지 권력의 폭력만을 본 것이 아니다. 무너지는 방송국 안에서, 언론이 언론을 어떻게 배척하는지, 언론 내부의 갈등과 침묵이 어떻게 작동하는지, 시민이 언론을 어떻게 신뢰하지 않게 되는지를 동시에 목격했다.

그런데 끝내 아무도 말하지 않았다. 그 누구도 이 간극을 자신의 언어로 매듭지으려 하지 않았다. 그 침묵의 끝에서, 나는 지금 이 문장을 쓰고 있다. 대부분은 조심스러웠을 것이다. 언론인이라는 직업의 특성상 말은 곧 해석을 낳고, 그 해석은 곧 정파적 공격과 내부의 비난으로 이어질 수 있기 때문이다. 무엇보다 '중립'이라는 말이 여전히 언론인의 윤리처럼 여겨지는 이 환경에서, 쉽게 입을 열 수 없었을 것이다.

하지만 나는 방송작가다. 발언의 무게가 다르다는 것을 안다.

언론 노동자로서의 책임은 공유하지만, 내가 말하는 방식과 위치는 다르다. 나는 해석을 생략하지 않는 사람이며, 균형을 핑계 삼아 본질을 비껴가는 방식에는 동의하지 않는다. 그래서 나는 이 책을 통해 말하고자 한다. 많은 이들이 내 주장에 동의하지 않으리란 것도 안다. 그럼에도 나는 내가 지금 이 자리에 있다는 이유로, 이 말을 남겨야 한다고 믿는다. 이 책은 TBS 해체의 기록이자, 우리 사회가 언론을 어떻게 무너뜨렸는가에 대한 증언이다. 동시에, 언론이 시민과 멀어지며 무엇을 잃었고, 무엇을 다시 회복해야 하는지를 묻는 경고이기도 하다.

나는 지금, 시민과 언론 사이의 거리가 위험할 만큼 멀어졌다고 느낀다. 그 거리는 신뢰의 붕괴를 넘어 사회 전체의 균열로 이어질 수 있다. 언론은 더 이상 스스로를 고립된 엘리트주의의 껍질 속에 가두어선 안 된다. 시민과 언론 그 둘 사이에 놓인 불신의 골짜기는 결국 우리 모두의 위기로 되돌아올 것이다. 나는 그 깊은 골이 두렵다. 그리고 그 공포를 말로 기록해야 한다고 느낀다. 지금 이 말을 하지 않으면, 우리는 또다시 같은 장면을 마주하게 될 것이다. 그때는 더 이상 말할 수조차 없을지도 모른다.

TBS의 몰락은 무도한 정권의 정치적 탄압의 결과였다. 하지만 그 안에는 언론과 시민 사이의, 언론과 언론 사이의 단절이

빚어낸 구조적 파국도 함께 존재한다. 나는 언론노동자로서, 작가로서 그리고 무엇보다도 시민과 가장 가까운 언어를 다루는 사람으로서 이 신뢰의 파괴를 더 이상 외면할 수 없다. 그래서 나는, 지금 이 자리에서, 비록 공격을 감수하더라도 이 말을 시작하기로 했다.

2장
TBS라는 이름의 공영방송

TBS는 시민과 소통하며 공공미디어의 가능성을 실험해 온 방송사였다. <김어준의 뉴스공장>은 그 실험의 시작이자, 상징이었다. 시민의 언어로 권력에 질문을 던지고, 기존 언론이 외면한 진실을 드러내며 TBS는, 점차 공영언론으로서의 길을 넓혀갔다. 정규직화, 플랫폼 실험, 시민참여, TBS의 모든 변화들은 '시민의 방송'이라는 한 방향을 향하고 있었다. 그러나 그 실험은 오래 허락되지 않았다. 정치적 압박과 제도적 불안정 속에서 TBS는 가장 먼저 쓰러졌다. 이 장은 TBS가 어떻게 스스로를 확장해 왔는지, 그리고 그 확장의 대가가 어떻게 칼날이 되어 돌아왔는지를 기록한다.

TBS는 교통방송이 아니다

"그런데… TBS는 교통방송 아닌가요?"

나는 이 질문을 수도 없이 받았다. 일상에서, 업체와의 미팅 자리에서, 댓글창에서, 심지어 같은 업계 사람들에게도. 특히 이 말을 정치적 구호처럼 반복한 이가 있었으니, 바로 제11대 서울특별시의회 전반기 의장이다. 그의 주장은 늘 한결같았다.

"TBS는 교통방송이다. 이제 그 역사적 소임을 다했다."

그러나 이 주장은 전제가 잘못됐다. TBS는 교통방송이 아니다. 또한 단순히 교통정보만을 전달하는 방송사는 더더욱 아니다. TBS의 풀네임은 〈서울특별시 미디어재단 TBS〉로 독립된 재단법인으로 운영되며, 법적으로 시사, 교양, 문화, 보도 기능을 수행할 수 있는 방송사다. 지상파방송사업자 변경허가서 허가의 주요 내용에 "교통, 기상을 중심으로 한 방송사항 전반"으로 표기되어 있다.

그런데 왜 서울시의회 의장을 비롯해 국민의힘 의원들은 끊임없이 "TBS=교통방송"이라는 프레임에 가두려 했을까? 짐작건대 TBS를 단순 교통정보 제공 기관으로 한정하면 우리가 수행해 온 권력의 비판과 감시 기능, 사회 의제 발굴 기능을 '월권'이자 '편향'으로 몰아갈 수 있다. 그리고 그렇게 몰아야만 조례 폐지와 예산 삭감이라는 극단적 조치를 "정당한 정상화"처럼 포장할 수 있었다. 결국 "TBS=교통방송"이라는 프레임은 TBS의 존재 이유를 지우고, 공영방송으로서 우리의 정체성을 왜곡하려는 전략이었다.

이 무성의하고 무례한 주장을 멈춘 것은 결국 법원이었다.

2019년 2월, 조선일보는 하나의 기고문을 게재했다. 해당 기고문은 과거 오세훈 시장이 임명한 TBS 전 본부장(사장)의 명의로 실렸고, 그는 "TBS는 교통방송이므로 교통 외의 시사·정치 프로그램을 제작하는 것은 위법하다"는 주장을 폈다. 이 주장은 서울시의회 국민의힘 다수파가 TBS 지원 조례 폐지를 추진하는 데 결정적 논거로 인용되었고, TBS의 존재 이유 자체를 흔드는 정치적 도구로 사용됐다.

TBS는 즉각 반발했다. 이 기고문은 사실과 다르고, 법적 오해를 유발하며 조직의 명예를 훼손한다고 보고 언론중재위원회에 정정보도를 청구했다. 하지만 조정이 결렬되자 정식 민사소송을 제기했고, 1심과 2심, 그리고 2024년 7월 대법원까지 모든 재판에서 TBS의 손을 들어주었다. 대법원은 이렇게 명확히 판단했다.

"TBS는 서울시 조례와 정관에 따라 시사·교양·보도 프로그램을 제작할 수 있는 법적 권한이 있다. 이는 방송통신위원회의 승인과 행정안전부의 동의를 거쳐 정식으로 설계된 출연기관 구조에 근거한 것이다. 따라서 조선일보의 주장처럼 "정치방송을 해서는 안 된다"는 말은 사실에 부합하지 않으며, 이는 오보 또는 허위 사실로 정정되어야 한다."

이 판결은 단지 정정보도를 받아낸 법적 성취가 아니었다. 수년간 반복된 "교통방송이니까, 시사를 하면 안 돼"라는 정치적 프레임을 공식적으로 폐기한 결정적 근거였다. TBS는 오래도록 이같은 허위 주장에 시달려왔다. 우리의 마이크가 꺼지고, 프로그램이 하나씩 사라질 때마다 "TBS는 원래 교통방송이니까"라는 말이 칼날처럼 날아들었다. 그 말은 교묘했고, 악의적이었다. 교통방송이라는 초기 소임을 빌미 삼아, TBS가 추구해 온 모든 실험과 공영방송의 정체성을 부정하려 한 것이다. 그러나 대법원은 그런 주장에 분명히 선을 그었다. 이제는 분명히 말할 수 있다. TBS는 교통방송이 아니다. TBS는 시민을 위한 공영방송이다. 그리고 권력을 감시하는 것은, 공영방송의 가장 핵심적인 역할이다.

대한민국 정규직 방송작가 1호

TBS가 공영미디어로서의 실험을 본격화한 시기는 박원순 서울시장 체제였다. 2020년 2월 17일, 〈서울특별시 미디어재단 TBS〉는 서울시 산하 사업소에서 법인화된 출연기관으로 독립했다. 이는 단순한 행정구조 전환이 아니라 '공공미디어란 무엇인가'라는 질문에 대한 서울시의 정치적 선언이었다.

박원순 전 서울시장은 다음과 같은 생각을 가졌다.
"서울시민의 세금으로 운영되는 방송이라면, 시민의 목소리를 담아야 한다. 그러기 위해서는 언론기관으로서의 독립성과 그 안을 지탱하는 노동의 공정함이 함께 마련되어야 한다."

그 생각은 곧 제도로 이어졌다. 그 중심에는 '노동'이 있었다. 모든 방송사가 그러하듯 당시 TBS에도 수많은 비정규직 방송노동자들이 있었다. 방송작가, 영상기자, 카메라감독, 리포터, 조연출, 프리랜서 PD 등 여러 직군이 정규직과 동일한 업무를 수행하면서도 명확한 고용 보장을 받지 못했다. 이들 중 상당수는 수년, 길게는 십수 년 동안 방송을 실질적으로 기획하고 제작해 왔지만, 행정적으로는 '외부 인력'으로 분류되어 있었다.

박원순 시장은 이 구조에 주목했고, 비정규직 방송노동자들의 정규직 전환 정책으로 이어졌다. TBS는 방송작가 직군을 포함한 다양한 방송 비정규직 인력을 '공개채용' 절차를 통해 정규직으로 채용했다. 작가 직군 역시 PD, 기자와 마찬가지로 한 명의 응시자로서 시험을 치렀고, 그 결과, 총 10명의 방송작가가 정식으로 TBS의 직원이 되었다. 이는 대한민국 방송사 중 최초의 일이었다. 당시 TBS의 철학은 박원순 시장의 기조와 같았다. "공영방송은 내부의 불공정을 외면한 채 시민에게 공공성을 말할 수 없다." 방송노동자들이 방송의 주체로 당당히 설 수 있을 때, 비로소 시민의 방송이 가능하다는 믿음을 구현하고자 했다. 나 역시 그 실험의 일부였다.

오로지 프리랜서로만 존재하던 방송작가가 방송국의 '내부'로 들어온 첫 순간은 미디어 비정규직의 정규직화의 가장 획기적 사례였다. 그리고 방송노동의 존엄이 제도로 구현된 역사적 경험이었다.

그날 이후, 나는 더 많은 것을 의식하게 되었다. 같은 방송국 안에서 오랜 시간 비정규직으로 버텨온 동료들의 감정. 비록 TBS의 소속은 아니지만 매일 회사로 출근해 방송을 지탱해 온 사람들의 존재. 그리고 그들이 이제 '우리'가 되었다는 감각. 이것은 단지 조직의 변화가 아니라 공공미디어가 지켜야 할 가치는 무엇인가에 대한 실질적인 대답이었다.

시민에게 신뢰받기 위한 방송이라면, 그 방송을 만드는 노동 역시 존중받아야 한다. 이것이 박원순 체제에서 시작된 TBS 실험의 핵심 정신이었다. 그리고 그것이, TBS가 한때나마 진정으로 '시민의 방송'이 될 수 있었던 결정적 이유였다.

공영방송 역사상 가장 대담했던 '플랫폼 실험'

정규직화된 제작 인력은 이후 TBS의 플랫폼 실험과 디지털 전환의 실질적인 동력이 되었다. 유튜브 기반 콘텐츠의 확대, 시민 참여형 프로그램 기획, 다양한 플랫폼 실험은 안정된 인력 기반 없이는 불가능한 일이었다. 기획-제작-운영까지 일관된 비전과 실행력을 갖춘 팀이 존재한다는 것은 급변하는 미디어 환경 속에서 공영방송의 결정적인 자산이었다. '스트리트31팀'과 같은 유튜브 전담팀이 가능했던 것도, 정규직화된 창작 인력이 있기에 가능했다. TBS의 방송 노동자들은 고용 불안정성에 흔들리지 않고 실험적 기획을 밀어붙였고, 시민과의 거리감을 줄이며 TBS의 정체성을 확장된 방식으로 해석해 나갔다. 이 실험은 짧았지만, 공영방송이 콘텐츠의 공공성과 노동의 존엄을 동시에 추구할 수 있다는 가능성을 보여준 드문 사례였다.

TBS는 당시 라디오, TV, 유튜브를 수평적으로 연결하며 기존 방송사와는 전혀 다른 콘텐츠 전략을 펼쳤다. 전통 방송사들이 여전히 채널 중심으로 사고할 때, TBS는 유튜브를 별도의 방송 채널로 인식하고 그 안에 자체 편성을 운영할 정도로 빠르게 진화했다.

그 중심에 있었던 것이 〈골방라이브〉와 〈짤짤이쇼〉였다. 이들 프로그램은 시사·정치 이슈를 촌철살인 드립과 패러디로 해체해 뉴스에 환멸을 느끼던 젊은 시민들에게 유쾌하고 뾰족하게 현실을 보여준 콘텐츠였다. 〈짤짤이쇼〉는 박지훈, MC장원, 오창석 세 명의 진행자를 앞세워, 시청자와 친구처럼 농담하고, 토론하고, 때로는 함께 분노하는, 쌍방향 소통의 가능성을 증명해낸 기념비적인 실험이었다. 처음엔 뉴스공장을 패러디하며 인기를 얻었지만 곧 '시빌리언'이라는 자체 팬덤이 생겼고, 이 흐름은 〈정준희의 해시태그〉의 '해시민', 〈골방라이브〉의 열혈 구독자층으로 이어졌다.

〈해시태그〉는 언론비평이라는 어려운 장르를 시민의 언어로 해석했고, 〈골방라이브〉는 인기 유튜버 '거의없다'와 함께하며 라디오·TV·유튜브의 경계를 넘나드는 실험을 선보였다. 이렇게 TBS의 각 콘텐츠마다 팬덤이 생겼고, 댓글마다 시민들의 감정이 쌓였다. TBS는 방송 플랫폼을 넘어, 사회적 관계망이자 하나의 생태계가 되었다.

당시 TBS 유튜브에는 실질적인 '편성표'가 존재했다. 시청자들은 어떤 콘텐츠가 언제 올라올지 기다렸다. TBS 유튜브는 '시간표를 가진 또 하나의 방송국'이었다. 지상파가 가지지 못한 유연성과, 방송국이기 때문에 가능했던 정교한 기획력이 만난 플랫폼. 그것이 바로 TBS 유튜브였다. 이 시기의 실험은 시사 유튜브 전반에 유의미한 영향을 남겼고, 이후 등장한 수많은 뉴스형 콘텐츠에 구조적 영감을 제공했다는 점에서, 그 선도성을 부정하기 어렵다.

그리고 그 중심에는 늘 시민이 있었다. 우리는 시민과 더 가까워지고자 '티봉이'라는 마스코트를 만들었다. 티봉이는 공공언론이 시민과 정서적으로 연결될 수 있다는 가능성을 보여준 사례였다. 티봉이 이모티콘이 배포됐고, 굿즈로 제작됐으며, 행사장에서는 실물 인형으로 등장했다. 시민들은 티봉이를 통해 TBS를 기억했고, 웃었고, 함께 기뻐했다.

팬데믹 시기, TBS의 가치는 더 분명해졌다. 코로나19가 일상을 마비시키던 그때, TBS는 하루도 빠짐없이 코로나 방송을 이어간 유일한 공영방송이었다. 단발성 보도가 아니라, 일상에 기반한 감염병 리포트, 정책 설명, 전문가 인터뷰, 방역 지침 해설까지. 우리는 시민과 함께 팬데믹 일상을 통과했고, 그 방송은 시민들에게 가장 안전한 안내방송이 되었다.

〈신박한 벙커〉 역시 TBS 공공성의 상징적인 사례였다. 서울시 출연기관으로서의 책무를 바탕으로 도시 재난, 기후 위기, 방역 대응을 결합한 과학 기반 재난 콘텐츠였다. 시민은 방송을 통해 위험에 대비했고, 방송은 시민에게 공공의 감각을 되살려줬다.

이 모든 플랫폼 실험은 우연히 만들어진 것이 아니었다. 서울시 출연기관이 된 TBS는 임기제 공무원과 비정규직 노동자를 정규직 직원으로 받아들이면서 안정된 인사 구조를 갖췄고, 그 인력들이 이 실험의 중심이 되었다. 성과는 분명했다. 방송은 나날이 활기를 띠었고, 시민과 한층 가까워졌다. 그 시절 TBS는 누구보다 사랑받는 방송사였다. 이 모든 흐름은 시민이 만들고, 시민이 지지했고, 시민과 함께 확장된 실험이었다. 그 실험은 비록 멈춰 섰지만, 우리가 만들었던 그 플랫폼의 기억은 여전히 시민들의 구독함 안에 남아 있을 것이다.

⟨뉴스공장⟩, 변화를 견인한 불씨

TBS가 라디오, TV, 유튜브를 넘나들며 공공미디어로 진화할 수 있었던 근본적인 동력은 분명했다. ⟨김어준의 뉴스공장⟩이다. 이 프로그램은 TBS라는 조직 전체의 실험을 가능하게 만든 정체성의 촉매제였다. 동시에 공영방송의 한계를 돌파해낸 실증적 근거이기도 했다. 더 나아가, '언론이 시민과 어떻게 직접 연결될 수 있는가'에 대한 살아 있는 답이었다. ⟨뉴스공장⟩은 기존 언론이 감당하지 못한 주제와 시선, 방식으로 뉴스의 패러다임을 바꿨다.

검찰 권력, 언론 권력, 재벌 권력, 한국 사회의 핵심 축을 향해 날카롭게 침투했고, 정제된 거리두기 대신 명확한 입장과 직설적인 언어로 시민과 직접 소통했다. ⟨뉴스공장⟩은 기성 언론이 보도하지 않던 것을 보도했고, 의심하지 않던 것을 의심한 방송 역사상 가장 막강한 데일리 시사 라디오 프로그램이었다.

매일 아침 7시 10분. 출근길의 청취자들은 서울 시내의 정체된 교통정보 대신 권력을 향한 가장 거친 질문과 가장 낯선 시선을 마주했다. 당시 평균 청취율 13%를 넘나들던 이 프로그램은 TBS를 넘어 시사 라디오 전체를 뒤흔들었다. ⟨뉴스공장⟩은 TBS의 구조를 바꿨고, 시민의 언론으로 나아갈 수 있는 길을 열었다.

이 프로그램이 있었기에 TBS가 서울시 출연기관으로 전환하는 것도 가능했고, 편성의 자율성과 방송의 독립성도 지지를 받을 수 있었다. 공정성과 균형이라는 기계적 중립 대신 명확한 입장과 관점이 있는 뉴스의 힘이 현실 속에서 실현된 것이다.

〈뉴스공장〉은 동시에 가장 노골적인 정치적 공격의 대상이었다. 보수 정권하에서 '김어준'이라는 이름은 '퇴출 1순위'의 상징이 되었고, TBS 전체가 "편향된 방송"이라는 프레임에 포획되었다. 정치권은 수년간 〈뉴스공장〉을 문제 삼았고, 결국 이 프로그램은 TBS 해체의 첫 타깃이자, 그 구실이 되었다.

〈뉴스공장〉은 논쟁적인 프로그램이었다. 그 어떤 시사 방송보다 논란이 많았고, 김어준은 끊임없이 혐오와 공격의 대상이 되었다. 그러나 그런 논란조차 민주주의 사회에서 반드시 존재해야 할 여백이었다. 편향성과 여러 논란이 퇴출의 이유가 된다면 그 사회는 정권이 만든 '언론의 모범답안' 외에는 어떤 실험도 허용하지 않는 사회가 된다. TBS에서 〈뉴스공장〉이 차지한 자리는 단순한 '간판 프로그램' 이상의 것이었다. '시민을 믿고, 언론의 역할을 실험하는' 모든 기획들의 바탕이자 명분이었다. 〈더룸〉, 〈골방라이브〉, 〈짤짤이쇼〉, 〈티봉이〉 모두 그 실험의 연장선 위에 있었다. 〈김어준의 뉴스공장〉이 없었다면 그 실험의 시도조차 어려웠을 것이다.

그러나 그 실험은 폐쇄되었다. 2022년 12월 30일, TBS는 공식적으로 〈김어준의 뉴스공장〉을 폐지했다. 그날은 단지 한 프로그램이 문을 닫은 날이 아니라, 시민 중심의 공영미디어를 만들고자 했던 6년간의 실험이 끊긴 날이었다. 그리고 동시에 TBS가 '단지 한 프로그램 때문에 무너졌다'는 이 어이없지만 분명한 사실이 공식화된 날이었다. 〈뉴스공장〉은 비록 지상파에서 사라졌지만, 그 프로그램이 열어준 시선과 질문, 시민의 감정과 정치적 상상력은 여전히 살아 있다.

미완의 독립 – 실험은 어떻게 칼날이 되었는가

박원순 전 서울시장의 실험은 애초부터 위험한 모험이었다. 공공성과 자율성을 동시에 지닌 지역 언론의 탄생, 그것은 중앙 권력의 간섭을 피하면서도 시민의 감시를 견디는 새로운 방송 모델의 가능성이었다. 그는 그것을 가능케 하기 위해 TBS를 출연기관으로 독립시켰고, 지역 공영방송의 첫 단추를 끼웠다.

하지만 그것은 절반의 독립이었다. 법적 구조는 독립을 선언했지만, 예산은 여전히 서울시의 손에 있었다. 선의에 기대는 구조는 박원순 시장이 갑작스럽게 세상을 떠난 이후 너무도 손쉽게 무너졌다. TBS의 실험은 제도적으로 보호받지 못한 채 떠밀려왔다. 출연기관으로서 방송 편성은 자유로워졌지만, 예산과 조직 운영은 여전히 정치의 심기를 살펴야 했다.

그 허약한 토대 위에서 〈뉴스공장〉의 강렬한 실험은 언제고 표적이 될 수 있는 상황이었다. 〈뉴스공장〉에서 나온 말은 힘이 있었고, 그 힘은 곧 위협으로 간주되었다. TBS는 정치적 제거의 최우선 순위가 되었다. 플랫폼 실험도 마찬가지였다. 시민과 호흡하려 했던 수많은 시도들은 권력의 시선에선 '불편한 방송'으로만 인식되었다. 결국, 우리는 뼈저리게 체감했다. 아무리 의미 있는 실험이라도, 제도적 안전망 없이는 언제든 제거될 수 있다는 사실을. TBS는 공영방송의 이상을 현실로 옮긴 드문 사례였지만, 완벽히 준비되지 않은 채로 현실의 벽에 부딪혔다. 정치적 후견 없이, 제도적 안정망 없이 감당해 낸 실험은 시간이 흐를수록 외로운 싸움이 되었고, 결국 철저히 파괴된 채 무너졌다.

하지만 이것은 TBS의 실패가 아니다. 공공미디어를 제도적으로 지키지 않은 이 사회의 실패다. 그 실험은 짧은 시간에 막을 내렸지만, 그 가능성은 지금도 여전히 유효하다. 우리는 다시 묻는다. 어떤 방송이 시민 곁에 남아야 하는가. 어떤 언론이 사라지면 안 되는가. 공영방송 TBS의 해체는 하나의 종말이 아니라, 다음 실험을 준비하기 위한 질문의 시작이어야 한다.

3장
조례 하나로 방송사를 죽이는 방법

"정말 이럴 수 있다고?" 2022년 7월, 서울시의회 국민의힘 다수파가 TBS의 예산 지원 근거인 조례를 폐지하겠다고 처음 발표했을 때, 우리는 그 말을 믿을 수 없었다. 아무리 정권이 바뀌었다고 해도, 지방의회가 특정 방송사의 예산지원 자체를 "완전히 끊겠다"고 공식 선언할 수 있다는 사실은 상식 밖이었다. 그러나 그 일은 실제로 벌어졌다. 서울시와 서울시의회 국민의힘은 조례 한줄로 공영방송 하나를 제거했다. 이는 방송사의 존립 기반을 직접 무너뜨리는 것이었고, 정치권이 예산과 제도를 동원해 비판적 언론을 해체하는 가장 과격한 폭력이었다. 그리고 그 한복판에는 윤석열 정권, 오세훈 서울시장, 서울시의회 국민의힘이 있었다.

조례 폐지라는 칼날

"서울특별시 미디어재단 TBS 설립 및 운영에 관한 조례를 폐지한다."

단 한 문장. 이 짧은 조례는 30년 넘게 시민과 함께 성장해 온 공영방송 TBS의 존립 근거를 완전히 지워버렸다. 동시에 편성권, 제작권, 예산권 그리고 방송의 미래까지 모두 이 한 줄에 무너졌다. 2022년 7월 4일. 제11대 서울시의회가 개원하자마자 나흘 만에, 국민의힘 소속 시의원 76명 전원이 TBS지원 조례 폐지안을 발의했다. 서울시의회 제2호 의안이었다.

너무나 갑작스러운 것도 모자라 너무 조용하게, 너무 단호하게 진행됐다. 당사자인 TBS도, 학계도, 시민사회도 그 누구의 의견도 듣지 않았다. 조례안의 본문은 단 한 줄이었고, 그 아래 세 개의 부칙이 달려 있었다. 특히 부칙 2조와 3조는 큰 논란을 불러왔다.

부칙 2조: TBS 직원을 다른 기관에 우선 채용할 수 있도록 규정

부칙 3조: 자산 정리에 서울시가 개입할 수 있도록 명시

그러나 이 내용은 상위법인 '지방출자·출연기관법'을 위반할 소지가 명백했다. 당시 민주당 서울시의회는 이를 근거로 조례 자체가 위헌 가능성이 있다고 주장하며 조례안 폐기를 요구했다. 그러자 국민의힘은 전략을 바꿨다. "민주당이 직원들마저 버렸다."는 여론전을 펼치며, 문제의 부칙을 통째로 삭제해 버렸다. 결국 조례안에 남은 문장은 단 하나였다.

"TBS 지원 조례를 폐지한다."

법적 논란을 피하기 위해 모든 내용을 들어낸 결과, TBS 구성원 보호 조항조차 없는 '깡그리 폐지 조례안'이 만들어진 것이다. 조례 발의부터 본회의 통과까지 걸린 시간은 약 4개월, TBS에게 그 시간은 마치 지옥과도 같았다. 조례 폐지안이 발의되자마자, TBS는 극심한 내부 혼란에 휩싸였다. 당시 이강택 전 대표는 건강 상의 이유로 사퇴했다. 표면상의 이유는 건강이었지만 내외부의 엄청난 사퇴 압박을 받았다. TBS 지원조례 폐지안 통과 닷새 전이었다. 연말이 다가올수록 제작비는 줄어들기 시작했고, 이를 감당하지 못한 프로그램들은 줄줄이 폐지를 예고했다. 대부분

TBS의 인기 시사 프로그램이었다.

　2022년 11월 15일, 서울시의회 본회의가 열렸다. 그날은 비가 내렸다. 쏟아지는 빗속에서 TBS 구성원 거의 모두가 서울시의회 앞에 모였다. 우리는 피켓을 들고 'TBS 지원 조례 폐지 반대'를 외쳤다. 비는 우리의 심정 같았다. 차갑고, 무거웠고, 끝없이 쏟아졌다. 표결 직전, 민주당 서울시의원 전원이 퇴장했다. 국민의힘 의원들은 손쉽게 표결을 시작했다. 재석 73명 중 찬성 72명, 반대 0명, 기권 1명. 그렇게 서울시가 TBS에 재정 지원할 수 있는 법적 근거였던 TBS 지원조례를 폐지하는 조례안이 통과됐다.

　조례안이 통과된 그날, 영국 〈가디언〉은 이렇게 보도했다.
　"윤석열 정부하에서 언론 자유가 위협받고 있으며, 한국의 인기 방송사 TBS가 지원금을 잃게 됐다."

　〈가디언〉은 TBS 조례 폐지를 '언론 자유 제한'의 상징적 사례로 지목했다. 〈김어준의 뉴스공장〉을 "가장 인기 있는 프로그램 중 하나"라고 소개하며, TBS 폐지를 윤석열 정부의 권위주의적 언론 통제로 해석했다. 그 기사를 읽으며 나는 한동안 아무 말도 할 수 없었다. 우리가 처한 상황과 그 상징성이 국내에서는 외면당한 채 먼 바다를 건너 외신을 통해서야 겨우 닿았다는 사실이

서글펐다. 그리고 2주 후인, 2022년 12월 2일. 오세훈 서울시장은 TBS 폐지 조례안을 최종 재가했다. 이 사건은 지방권력이 '조례'라는 입법의 칼날로, 방송의 공공성과 언론 자유를 절단한 사건이자 한 방송사가 법적으로 '살해'당한 날이었다. 우리는 그날, 빗속에서, 한 시대가 종언을 고하는 장면을 눈으로, 가슴으로 목격했다.

윤석열, 오세훈, 서울시의회의 삼각구조

TBS 조례 폐지는 사전에 철저히 계획된 정치적 작전이었다. 정권 교체 직후, 서울시의 행정부와 입법부가 '공영언론 해체'를 1순위 과제로 올려두고 있었음을 보여주는 명백한 증거다. 겉으로는 '지방자치의 자율적 결정'처럼 포장됐지만, 실제로는 윤석열 정권-오세훈 서울시장-국민의힘 서울시의회로 이어지는 삼각 정치 연대의 공조 작전이었다.

1. 출범과 동시에 시작된 언론 보복 - 윤석열

윤석열 정권은 출범 직후부터 '언론 통제'라는 본색을 숨기지 않았다. 〈김건희 녹취록 보도〉 이후, 정권의 분노는 노골적으로 드러났다. 대통령실과 여당은 입을 모아 "가짜뉴스 척결", "편파방송 퇴출"을 외쳤고, 그 말은 곧 표적 징계, 편파 심의, 제작진 압박이라는 구체적인 탄압 조치로 이어졌다. 그들에게 언론은 '길들일 대상'이 아니라, 제거 대상이었다. 윤석열은 정권 초부터 언론을 적으로 규정했고, 그 첫 번째 희생양은 TBS였다. 이후 탄압의 불길은 YTN, KBS, MBC로 빠르게 옮겨붙었다. 그들은 언론을 길들이려 한 것이 아니라, 애초에 지워버리겠다는 생각이었다.

2. 조용히 움직인 해체 총책 – 오세훈

오세훈 서울시장은 TBS에 대한 예산 압박을 일찍이 결심하고 있었다. 2021년, 〈신동아〉와의 인터뷰에서 그는 "서울시가 TBS 지원을 끊을 수도 있다"고 공공연히 경고했다. 그 말은 단순한 예고가 아니라, 작전 개시 선언이었다. 하지만 조례 폐지가 본격화되자, 오세훈은 슬그머니 뒤로 숨었다. "서울시의회 소관"이라며 거리두기를 시도했다. 그러나 실제로는 TBS 해체의 모든 과정에 깊숙이 개입했다. 예산 배정과 통제, 인사권 장악, 출연기관 해제까지 TBS 해체 작전의 실질적 총책임자는 오세훈이었다. 그는 서울시의회를 방패막이 삼아 움직였고, 권력의 의지를 행정과 제도를 통해 관철시켰다. TBS가 무너지기까지, 오세훈은 단 한 순간도 '관여하지 않은 적'이 없었다.

3. 실행부대가 된 서울시의회 국민의힘

서울시의회를 장악한 국민의힘 의원들은 출범하자마자 본색을 드러냈다. 이들은 윤석열 정권의 정치 명령을 집행하는 하수인이나 다름없었다. TBS 조례 폐지는 시의회 출범 나흘 만에 발의됐고, 본회의 통과까지 단 한 차례의 형식적 공청회로 무작정 밀어붙였다. 그들의 권한인 입법, 즉 '조례'라는 이름으로 공영방송 하나를 처형했다.

TBS 지원조례 폐지는 정당한 민주적 절차를 거친 결정이 아니었다. 지방권력이 중앙권력의 명령을 신속히 집행한 정치 폭거였다. 윤석열, 오세훈, 국민의힘의 이 삼각 구조는 권력의 수직적 명령 체계를 행정의 외피로 포장한 정치적 설계였다. 여기엔 오직 '정권과 당의 정치적 이해'만이 작동했다.

TBS는 왜 1호 탄압 대상이 되었나?

왜 KBS도, MBC도 아닌, 하필 TBS였을까?
그 이유는 의외로 간단하다. TBS는 없애기 가장 쉬운 방송사였다. 그리고 정권 입장에서 가장 눈에 거슬리는 방송사였다. TBS는 중앙정부가 직접 통제하지 않아도 손댈 수 있는 구조였다. 예산의 70%를 서울시에서 받았고, 서울시장이 마음만 먹으면 쉽게 손을 쓸 수 있었다. 법적으로는 독립된 법인이었지만, 재정적으로는 지방정부에 의존하고 있었다. 윤석열 정권에게 TBS는, 복잡한 절차 없이 접근할 수 있는 가장 손쉬운 언론 통제의 출발점이었다. 서울시를 통해 우회하면, 중앙 권력은 부담 없이 TBS를 압박할 수 있었다.

여기에 '김어준'이라는 상징성이 있었다. 〈김어준의 뉴스공장〉은 정권에 불편한 질문을 매일 아침 던지는 프로그램이었다. 직설적이고 대중적인 언어로 권력을 감시했고, 그 방식은 그 어떤 언론보다 강력했다. TBS는 규모로 보면 작은 방송사다. 그러나 정치적으로는 결코 작지 않은 존재였다. 그래서 TBS는 '1호 표적'이 될 수밖에 없었다.

TBS는 일종의 시험대였다. '언론 통제'가 가능한지를, 아니 방송사 존재 자체를 날려버릴 수 있을지 실험해 볼 수 있는 대상이었다. 그리고 그 실험은 대체로 성공했다. 서울시의회가 조례를 폐지하고, 서울시가 예산을 끊고, 인사를 바꾸는 동안, TBS 내부와 다수의 언론은 침묵했고, 사회는 크게 반응하지 않았다. 정권은 확신했다.

"이제 KBS도, MBC도, YTN도 밀어붙일 수 있다."

그 직후, 수신료 분리징수가 추진됐고, MBC 이사장 교체가 시도됐으며, YTN 사영화 프로젝트도 전개됐다. TBS의 몰락은 그 자체로 끝난 사건이 아니었다. 공영방송을 통째로 해체하는 방법이 검증된 순간이었다. 그렇게 만들어진 '선례'는 언론 자유를 침해하는 속도를 더 빠르게 만들었다. 한 번 무너진 경계는 다시 세우기가 훨씬 어렵다. TBS는 단독 실험체가 아니었다. 비판 언론을 향한 공격의 예행연습이었다. 그리고 그 예행연습이 성공했기 때문에 더 깊은 침묵과 붕괴를 마주하게 된 것이다.

오만하고 저급한 지방권력의 민낯

"교통방송이 정치방송을 한다."
"시민 혈세를 낭비할 수 없다."
"조례 폐지는 시민의 명령이다."

TBS를 없애는 데 내세운 논리는 이 세 문장으로 요약된다. 하지만 나는 묻고 싶다. 언제, 누구에게 물었는가?

"정말 TBS를 없애도 괜찮은가?"
"이 방송이 그렇게 불편한가?"

"세금을 더 잘 쓰는 방법이 있다면 무엇인가?"

그들은 단 한 번도 시민에게 물어보지 않았다. 시민의 이름을 들먹였지만, 시민의 목소리는 사실상 외면당했다. TBS 해체의 명분은 하나같이 얄팍하고 허술했다. 그리고 무엇보다, 오만하고 저급했다.

첫째, "교통방송이 정치방송을 해선 안 된다"는 말은 사실이 아니다. TBS는 교통뿐 아니라 시사, 교양, 보도 기능을 가진 정식 공영방송이다. 대법원 판결로 이미 확인된 사실이다. 그들은 이 사실을 알고도 애써 외면했다. 시민이 만들어 온 TBS의 역사를 고의로 왜곡하고 짓밟았다.

둘째, "시민 혈세를 낭비할 수 없다"는 주장도 시민을 무시하는 말이다. TBS는 청취율, 시민 만족도 조사, 수상 실적 등으로 이미 시민의 선택을 받은 방송사였다. 그럼에도 그들은 "세금 낭비"라는 빈약한 구호로 시민이 지지한 언론을 부정했다.

셋째, "조례 폐지는 시민의 명령"이라는 주장은 가장 심각한 왜곡이었다. 지방선거로 다수당이 됐으니, TBS를 없애도 된다는 건데, 지방선거 승리가 개별 정책에 대한 백지 위임이 아니다. TBS 폐지는 선거 쟁점으로 공론화된 적조차 없었다. 그런데도 다수 의석을 "시민 전체의 뜻"이라 포장해 공영방송을 없애버린 건 민주주의 원칙을 무시한 행동이다.

나는 그들의 태도에서 시민에 대한 최소한의 존중을 눈곱만큼도 찾을 수 없었다. 그들은 권력이 필요할 때만 시민을 들먹였다. 시민의 의견을 듣지 않았고, 시민의 선택도 무시했다. 오세훈 서울시장과 서울시의회 국민의힘 다수파는 권력의 지시를 그대로 따랐다. 비판 없이 받아들였고, 견제 없이 집행했다. 의회는 시민을 대변하는 공간이 아니라, 권력의 뜻을 전달하는 통로가 되었다.

나는 이 과정을 지켜보며 절망했고 분노했다. 우리가 지켜온 방송, 시민과 함께 만든 공론장이 이토록 쉽게, 이토록 조용히 무너질 수 있다는 사실이 믿기지 않았다. 하지만, 이 책은 상실을 되풀이하려는 기록이 아니다. 이것은 반복되지 않아야 할 폭력의 기록이다. 다시는 이런 일이 생기지 않도록 남겨야 하는 증언이다. TBS는 서울시민이 선택한 방송이었다. TBS를 없앤 것은 시민이 아니라 권력이었다. 우리는 공영방송 TBS의 해체를 기억해야 한다. 다시 같은 침묵과 같은 파괴를 허용하지 않기 위해.

지원 조례 폐지와 공공성 해체의 도미노

　TBS에 지원조례 폐지라는 전례 없는 조치를 내린 뒤, 서울시는 이를 시작으로 공공의 영역을 하나씩 없애기 시작했다. TBS 조례 폐지를 신호탄 삼아, 서울사회서비스원, 마을공동체조례, 학생인권조례, 장애인 탈시설 지원조례까지 서울시가 오랜 시간 쌓아온 공공의 기반을 줄줄이 무너뜨렸다. 그리고 이 모든 과정에서, 시민은 단 한 번도 참여하지 못했다. 공공은 비용이 아니라 시민의 권리다. 하지만 오세훈 서울시장에게 공공은 정리의 대상이었다. 그리고 그 정리를 위해 지원 조례 폐지라는 가장 날카로운 도구가 사용됐다. 이들은 매번 같은 방식을 썼다.

　묻지 않았다.
　설명하지 않았다.
　설득하지 않았다.
　토론하지 않았다.

　"우리는 당신들의 일상과 권리를 언제든 폐지할 수 있다."

　그 첫 번째가 TBS였을 뿐이다. 그다음은 내 아이의 인권이었고, 내 부모의 복지 서비스였고, 우리 동네의 공동체였다. 이건 단순한 예산 삭감이나 정책 변경이 아니다. 시민이 쌓아올린 권리 구조를 권력이 일방적으로 해체하는 방식이다. 특히 오세훈은 박원순 시절에 쌓아올린 서울시 공공 모델을 집중적으로 겨냥했다. 박원순 체제는 시민에게 권한을 돌려주고, 공공이 '비용'이 아닌 '권리'임을 확산시킨 시기였다. TBS도 그 흐름 속에서 공영방송으로 독립했다. 서울사회서비스원, 마을공동체 정책, 학생인권조례도 그 맥락에서 생겼다. 하지만 지금의 서울시는 그 모든 싹을 없애려 한다. 시민이 스스로 말하고, 조직하고, 비판할 수 있는 구조는 언제든 정권에 위협이 될 수 있기 때문이다. 그래서 폐지조례라는 칼이 꺼내졌고, 그 첫 시작이 TBS였다. 그리고 지금, 그 흐름은 현재진행형이다. 이건 특정 언론에 대한 보복도 특정 제도에 대한 조정도 아니다. 이것은 시민사회를 재편하려는 권력의 프로젝트다. 이 '조례 폐지 도미노'의 본질은 여기에 있다. 이 싸움은 아직 끝나지 않았다. TBS가 겪은 해체의 고통, 지역 공공성의 의도된 파괴는 곧 우리 모두의 미래가 될 수 있다.

4장

끊긴 예산, 강요된 굴복

권력은 조례를 폐지했다. 그러나 진정한 해체 작업은 그 이후에 시작됐다. TBS는 제작비가 끊긴 채, 월마다 생존을 구걸해야 했다. 계절 단위 기획은 사라졌고, 프로그램들은 하나둘 무너져 내렸다. 예산은 침묵을 강요하는 칼날이 되었고, 방송사는 존엄을 포기하는 대가로 추경을 구걸했다. 시민을 대신해 질문하던 마이크는 꺼졌고, 그 자리에 복종과 침묵만이 남았다. 예산은 권력의 가장 잔인한 무기였다. 우리는, 그 무기에 꺾여갔다.

제작비 0에 수렴하다

　TBS 폐지 조례안이 실제로 적용되는 시점은 통과 이후 1년여가 지나는 2024년 1월 1일부터였다. 하지만 실질적으로 그 즉시 해체 작전이 시작됐다. 유예된 기간은 단지 절차의 완급을 위한 것이었고 전략은 이미 구체적이었다. 예산 삭감보다 먼저 온 통제는 '예산의 지급방식'이었다.

　2022년 하반기부터 TBS는 기존의 연 단위 출연금 배정 방식에서 '월별 지급'으로 전환됐다. 표면상으로는 문제가 없어 보이지만 내부에서 느낀 건 전혀 다른 종류의 타격이었다. 방송은 시간 단위로 흘러가지만, 기획은 계절 단위, 연 단위로 설계된다. 월마다 지급 여부를 확인해야 하는 구조는 장기 기획은 물론 외주 계약, 출연자 일정 조율, 프로그램 개발 자체를 불가능하게 만들었다. 우리는 점점 '제작'이 아닌 '연명'을 하게 되었다.

　하지만 예산의 월별 지급방식은 하나의 예고일 뿐이었다. 2023년 새해가 되자, 서울시는 인건비 외에 운영비는 전혀 지원하지 않았다. 여기서 말하는 운영비란 제작비, 즉 방송을 만드는 데 필요한 자금을 말한다. 출연료는 물론, 편집 운영프로그램, A4용지 같은 사무용품 하나도 집행할 수 없는 방송국이 된 것이다. 즉 급여는 받고 있었지만, 프로그램은 만들 수 없었다.

프로그램을 만들 수 없는 제작자는, 직장이 아니라 감옥에 출근하는 것이나 다름없다. 방송을 만들기 위해 모였던 사람들이, 제대로 된 방송을 만들지 못한 채 하루하루를 버텨야 했다. 그리고 그 해 3월 말이 되자, 우리는 '제작불능 상태'에 이르렀다. TBS에 남은 마지막 제작비는 완전히 바닥났고, 시사 프로그램 이외의 프로그램과도 차례차례 이별을 해야했다.

그중 가장 뼈아픈 것은, 수년을 함께해온 외부 진행자, 고정 패널, 작가들과의 작별이었다. 그들은 단순한 협력 인력이 아니다. 누군가는 처음 기획서를 썼을 때부터 함께했던 사람이었고, 누군가는 시민과의 연결 고리를 상징했던 존재였다. 우리는 몇 년간 동고동락한 동료들을 떠나보내야 했다.

나는 이 직전 시기에 '티어로'라는 이름의 유튜브 유료 멤버십을 운영하고 있었다. 시민들이 자발적으로 후원하며 콘텐츠를 지켜내려 했던 그 서비스에는 한때 약 4만 명의 사람들이 가입했다.

〈뉴스공장〉이 폐지된 이후에도 1만 명 가까운 사람들이 남아 있었다. 그들은 묵묵히 기다렸다. 우리가 뭔가를 다시 시작해주기를, 무엇이든 만들어주기를 바랐다. 그러나 우리는 아무것도 해줄 수 없었고 결국 멤버십 유료서비스를 종료하기로 결정했다. 그들이 느꼈을 상실감을 나는 헤아릴 수조차 없다. 우리가 지키려 했던 방송, 그 방송을 믿고 응원해 준 시민들을 끝까지 지켜내지 못했다. 이는 스스로에게도 상처였다.

인건비만 남겨두고 제작비를 끊는 방식은 겉보기에만 '유지'였다. TBS는 멀쩡히 돌아가는 것처럼 보였다. 송출은 되었고, 음악은 흘렀고, 누군가는 마이크를 잡고 있었기 때문이다. 그러나 실상은 서서히 말려 죽이는 방식이었다. 콘텐츠의 혈관이 막힌 채로, 방송은 조금씩 죽어가고 있었다. 우리는 매일 하나씩, 자식 같은 프로그램들을 포기했다.

서울시는 직접적으로 "그 프로그램은 편향적이니 폐지하라"고 말하지 않았다. 대신 그 프로그램을 유지할 수 없는 조건을 만들었다. 예산이라는 무기를 통해 방송의 생명줄을 하나씩 잘라나갔다. 그것은 '검열'이 아니었다. 더 나쁜 것이었다. 말하지 않아도 알아듣게 만드는 방식. 살아남으려면 침묵해야 하는 구조. 그 방식이 오히려 더 잔혹했다.

우리 모두는, 그 구조 속에서 차례로 고통을 겪어야 했다. 그러나 무엇보다 고통스러웠던 것은 시민들에게 제대로 응답할 수 없다는 사실이었다. 여전히 TBS를 듣는 시민들, 유튜브 알림이 언제 울릴까 기다렸던 구독자들. 그들에게 우리가 아무 것도 해줄 수 없다는 현실. 그게 가장 힘들었다. 그리고 그 침묵 속에서 우리는 매일 조금씩 무너지고 있었다.

무너진 편성표, 버텨낸 사람들

외부 진행자들이 줄줄이 떠났다. 그 자리는 내부 아나운서들이 채웠다. 생방송을 마치고 또 다른 방송을 이어가야 했고, 때로는 프로그램 대본도 스스로 써야 했다. 모든 방송이 '1인 다역' 체제로 바뀌었다. PD는 편집, 연출, 섭외, 진행 보조까지 혼자 감당해야 했고, 멘트 작성까지 맡아야 하는 경우도 많았다. 방송국이라기보다, 마치 거대한 가내수공업 현장 같았다.

청취자 이벤트는 사라졌다. 사은품도, 굿즈도, 커피 쿠폰 하나도 없었다. 청취자가 사연을 남기면 감사 인사를 하는 것이 우리가 할 수 있는 전부였다. 출연료가 없으니 전문 패널도 섭외할 수 없었다. 그 자리는 짧은 단문 멘트들로 채워졌다. 다양성도 사라지고, 전문성도 사라지고, 남은 건 반복과 침묵과 무력감이었다. 그럼에도 방송은 멈추지 않았다.

당시 우리는 방송을 멈추지 않는 것이 책임이라고 생각했던 것 같다. 하지만 솔직히 말하면 우리는 시민에게 정당한 콘텐츠를 제공하지 못했다. 이것이야말로 진짜 '세금 낭비'였다. 인건비만 주고, 제작비는 주지 않는 구조는 시민 입장에서는 기만이다. 방송은 멀쩡한 척했고 문제는 뚜렷하게 드러나지 않았다. 이 모든 책임은 TBS 구성원과 시민 모두에게 떠넘겨졌다.

"3년 반 뒤에 돌아오겠다"의 후폭풍

2022년 12월 30일, 〈김어준의 뉴스공장〉 마지막 방송이 나갔다. 그날 김어준은 "3년 반 뒤에 돌아오겠다"고 했다. 그 말은 시민들에게 "끝난 게 아니다, 기다려달라"는 위로의 메시지였다. 한편으로는 권력에 대한 경고이자 냉소적 저항이기도 했다. 하지만 그 한마디는 이후 TBS가 처한 상황을 더 어렵게 만든 것은 분명한 사실이다.

당시 TBS는 서울시로부터 추가경정예산 73억 원을 확보하려

했다. 조례가 통과된 뒤 운영비가 완전히 끊긴 상태였기 때문에, 이 추경은 최소한의 숨통을 틔우기 위한 필수 자금이었다. 그러나 서울시의회 국민의힘 의원들은 TBS를 여전히 신뢰하지 않았다. 조례는 없앴지만, '김어준'이라는 이름은 여전히 그들에게 공포의 상징처럼 여겨졌다. 실제로 TBS 소관인 문화체육관광위원회 회의에서 의원들은 이렇게 묻기도 했다.

"정권이 바뀌어서 김어준이 다시 오면 어떻게 할 것인가"

참으로 어이없는 질문이었다. 이 질문에 대한 답으로 TBS는 스스로 '혁신안'을 만들어냈다. 그 내용은 다음과 같다.

- 시사·보도 기능 잠정 중단
- 출연제한 심사제도 신설
- 인포테인먼트 중심의 편성 전환

말하자면 "우리는 너희가 두려워하는 것을 해소해주겠다"는 다짐을 공식 문서로 제출한 셈이다. 이 혁신안은 공영방송이 스스로 언론의 역할을 포기한 선언이었다. 시사·보도 기능을 멈춘다는 건 심장을 적출하는 것과 같다. 시민을 대신해 질문하던 마이크를 스스로 꺼버린 것이었다. 출연제한심사제도는 표현의 자유를 사전에 검열하는 장치다. '누가 말할 자격이 있는가'를 방송사가 심사하겠다는 발상은 스스로에게 해가 되는 구조였다. 훗날 이 제도를 통해 김어준과 신장식은 무기한 출연정지를 통보받게 된다. 사실상 영구적인 퇴출 조치였다. 이는 방송사가 공정성을 이유로 진행자에게 가한 방송 역사상 유례없는 조치였다. 인포테인먼트 중심 편성은 표면적으로 시민들에게 '정보'와 '재미'만을 주는 방송사가 되겠다는 것이었지만 사실은 권력의 불만을 잠재우기 위해 공론장을 없애겠다는 노골적인 약속이었다.

어처구니없게도 이 모든 조치는 결국 김어준 한 사람을 막기 위한 시도였다. 그를 다시 방송에 내보내지 않겠다는 신호를 정권에 확실히 보여주기 위해 TBS는 조직 전체의 정체성과 존엄을 포기했다. 불편한 질문, 권력에 대한 직설, 시민과 연결된 언어, 이런 것들이 윤석열 정권에겐 견디기 어려운 위협이었다. 결국 TBS는 그 위협을 제거하기 위해 자신을 무너뜨리는 선택을 했다. 하지만 그 굴욕적 선택에도 불구하고 서울시의회는 만족하지 않았다. 결국 73억 원 추경은 전액 삭감됐다. 굴욕을 감수했지만, 얻은 것은 아무것도 없었다. 결과적으로 방송사의 마지막 자존심만 스스로 버리는 꼴이 됐다.

나는 이 과정을 지켜보며 매 순간 참담함을 느꼈다. 그리고 똑

똑히 보았다. 한 사람을 막기 위해 한 조직이 어떤 일까지 할 수 있는지를. 정권이 예산을 인질로 삼아 어느 정도까지 잔인해질 수 있는지를.

방송 역사상 가장 치욕스러운 다섯 개의 조치

TBS 혁신안, 시사·보도 기능 중단, 출연제한심사위원회 도입, 시사콘텐츠 비공개, 김어준에 대한 손해배상청구소송

'TBS 혁신안'은 이미 많은 것을 말해준다. 시사·보도 기능을 중단하고, 인포테인먼트 중심으로 편성을 전환하겠다는 이 문서는 겉으로는 조직 개편처럼 보였지만, 실질적으로는 외부 권력의 요구에 따른 편성 자율성의 포기였다. 방송사는 편성의 주체이지, 정치적 기류에 흔들리는 전달자가 아니다. 이 문서는 헌법 제21조와 방송법 제4조가 보장한 자율성과 독립성을 스스로 훼손하는 '정치적 순응'의 서류였다. 내가 가장 참담했던 지점은 이 혁신안이 TBS 스스로의 선택으로 발표되었다는 점이다. 이 '혁신안'은 대한민국 방송 역사상 가장 구조적인 자기 검열이자, 가장 굴욕적인 자해 선언이었다. 먼저 헌법 제21조가 보장한 언론의 자유, 방송법 제4조가 명시한 편성의 자율성과 방송의 독립성은 아무런 논의 없이 침해되었다. 방송사 스스로 그 원칙을 무너뜨리는 결정이 내부 구성원과 시민의 동의 없이 일방적으로 내려졌다. 그것은 단순한 '운영 방침 변경'이 아니라, 공영방송으로서 존재 이유를 송두리째 흔드는 일이었다.

TBS는 당시에도 여전히 조례상으로 '시민의 알 권리를 실현하기 위해' 설립된 공적 기관이었다. 시사·보도를 포기한다는 것은 곧, 스스로 공영방송의 정체성을 해체하겠다는 선언이었다. 시사·보도 기능은 공영방송이 '공영방송'일 수 있는 최소한의 조건이자, 헌법상 언론 자유와 방송법상 공적 책무를 실현하는 핵심 수단이다. TBS는 30년 넘게 서울 시민의 삶과 민주주의를 연결 짓는 시사·보도 프로그램을 만들어왔다. 그러나 2023년부터 그 기능은 정치적 불쾌감을 이유로 삭제되었다. 특정 프로그램이 불편하다는 이유로 편성 권한이 위로부터 정지되는 순간, 방송은 공공미디어로서의 자격을 상실한다. 그것은 공영방송으로서의 의무를 저버리는 일이며, 결국 시민에게 책임지지 않는 방송으로 퇴행하는 결정이었다. 시사·보도 기능 폐지는 공영방송을 민영화하지 않고도 무력화시키는, 가장 은밀하고 효과적인 방식의 해체였다.

'출연제한심사위원회' 도입은 겉으로는 멀쩡해 보이지만 그 내용을 들여다보면 섬뜩하다. TBS는 이 제도를 통해 특정 인물을 방송에서 출연시킬지 말지 '사전 심사'를 하기 시작했다. 명분은 공정성이었고, 방식은 영구정지였다. '신장식의 신장개업'을 진행했던 신장식 의원은, 2024년 2월, 무기한 출연정지를 통보받았다. 김어준 씨 역시 같은 방식으로 '영구정지' 처분을 받았다. 기준은 없었다. 절차도 없었다. 고지 방식조차 엉망이었다. 법적 근거도, 윤리적 명분도 없이, 누가 누구를 영원히 침묵시키는가? 진행자에게 '무기한 방송 금지'를 공식 통보한 방송국, 그것도 1년 이상 지난 발언 내용을 이유로 출연 여부를 심사하는 방송국은 내가 아는 한 단 한 곳도 없다. 이것은 헌법 제21조에 보장된 표현의 자유를 명백히 침해한 행위이며, 방송법이 금지한 사전 검열 그 자체다. 어느 나라가, 어떤 방송사가, 시민에게 영구적으로 말을 금지하는가? 사형수에게도 '말할 기회'는 주어진다. 그런데 TBS는 시민을, 전문가를, 저널리스트를 무기한 정지시켰다. 이것은 인권 침해다. 민주주의의 역행이며, 시민 전체에 대한 협박이다. 방송은 공기다. 말은 권리다. 그 권리를 묻지 않고 '이 사람은 앞으로 TBS에 절대 나올 수 없다'는 결정을 내리는 순간, 그 방송은 더 이상 시민의 것이 아니고, 헌법 위에 존재하는 권력의 도구일 뿐이다.

시민의 세금으로 제작한 프로그램 전체를 비공개하는 것, 그건 공영방송이 절대로 해서는 안 될 일이다. 2023년 9월을 시작으로 TBS는 자사의 홈페이지와 유튜브 채널에서 수많은 시사·보도 콘텐츠를 비공개 처리했다. 그 시작은 김만배 녹취록 인용보도와 관련된 내용이었으나 뒤이어 모든 시사 프로그램으로 확대되었다. 공영방송은 공공기록물 관리법의 직접 적용 대상은 아닐 수 있지만, 그 방송이 담은 기록은 명백한 사회적 공공재이다. 시청률과 무관하게, 시민의 알 권리와 사회의 집단 기억을 구성하는 중요한 요소이다. 삭제는 과거를 없애는 일이다. 그리고 과거를 없앤 방송은, 미래의 신뢰를 가질 수 없다. 시민의 세금으로 운영되는 공영방송은, 그 어떤 상황에서도 자신이 남긴 기록에 책임져야 한다.

TBS 사측이 김어준 전 진행자에게 손해배상 소송을 제기했던 이유는 〈김어준의 뉴스공장〉으로 인해 발생한 방심위 법정제재와 서울시 출연금 중단이었다. 하지만 방송 내용으로 인한 법적 책임은 방송사의 몫이다. 결코 진행자 개인에게 전가할 수 없다. 이 소송은 방송사가 절대 해서는 안 되는 조치였다. 기획하고, 편성하고, 송출한 주체가 방송사라면, 그 방송의 내용 또한 방송사의 책임이다. 진행자는 제작진과 협업하는 '표현의 주체'이지, 모든 법적 책임을 떠안는 '희생양'이 아니다. 그런데도 TBS는, 법적 책임을 마치 정치적 빚처럼 개인에게 떠넘겼다. 그 순간, TBS는 스스로 '방송사'라는 자격을 포기한 셈이다. 진행자에 대한 손해배상

청구는 이 소송을 제기한 당시 대표조차 '어디론가 숨고 싶었다' 고 말할 정도의 굴욕적 조치였다. 국민의힘 서울시의회 의원들의 끈질긴 요구사항 중 하나였다.

경제적 징벌은 침묵을 강요하는 가장 노골적인 방식이다. '입을 열면 돈을 물어야 한다'는 선례가 만들어지는 순간, 그 방송국에 누가 출연할 수 있으며, 누가 말할 수 있으며, 누가 진실을 보도할 수 있겠는가? 이건 표현의 자유에 대한 경제적 족쇄였고, 언론의 독립성과 제작 자율성에 대한 전례 없는 파괴였다. 진행자 개인에게 모든 책임을 뒤집어씌우려 한 이 결정은, 사실상 방송사 스스로 "우리는 방송사가 아니다"라고 선언한 것이나 다름없다. 민주주의에서 언론은 권력의 감시자다. 하지만, 이 사건에서 TBS는 권력의 심기를 살피는 통로로 전락했다. 정치적 편의를 위해 한 사람을 고립시키고, 시민이 만든 방송을 끝내 '빚'으로 되갚으려 했다. 이것이 민주주의의 방식인가? 이것이 공영방송의 아니 방송사의 얼굴인가? 아니다. 이것은 권력에 대한 충성이자 언론사 전체에 대한 배신이다. 이 소송은 방송의 책임구조를 조직에서 개인으로 전가시키는 위험한 선례를 만들었다. 언론 자유의 핵심 원칙인 '편성책임의 조직 귀속성'을 부정한 결정이며, 정치적 비판자에 대한 보복이라는 해석을 피할 수 없다.

지금까지 언급한 조치들이 문제가 되었던 이유는 TBS가 공영방송이었기 때문만이 아니다. 이것은 어떤 방송사라도 결코 해서는 안 될 일이었다. 편성의 자율성과 독립성은 단지 공영방송의 책무 이전에, 방송사가 방송사라 불리기 위해 지켜야 할 최소한의 조건이다. 정권의 요구에 따라 보도를 중단하고, 정치적 논란을 이유로 제작 방향을 틀며, 시민이 만든 콘텐츠를 스스로 삭제하는 일- 이 모든 행위는 방송사로서의 자격 자체를 포기한 일이다. 그 순간, TBS는 '공영방송'이기 이전에 '방송사'이기를 멈췄다.

'TBS 방송정상화 선언' 그 참회의 기록

2025년 4월 22일 오전 11시, 전국언론노조 TBS지부는 TBS 라디오 공개홀에서 'TBS 방송정상화 선언식'을 열었다. 이 선언은 TBS 구성원들이 스스로 준비하고 진행한 자리였으며, 사측과는 무관하게 진행된, 독립된 조합의 공식 선언이었다.

우리가 이 공간을 택한 이유는 분명했다. 2023년, 바로 이 자리에서 당시 경영진은 'TBS 혁신안'을 발표하며 시사·보도 기능의 잠정 중단을 선언했고, 공영방송으로서의 책무를 스스로 포기하는 정책을 발표했다. 굴복이 시작됐던 공간에서, 다시 방송사로서의 책임과 기준을 회복하겠다는 의미로, 우리는 같은 장소를 선언의 무대로 삼았다. 그러나 사측은 공간 사용에 협조하지 않았다. 공개홀 대관 요청은 거부됐고, 현수막 설치와 마이크 사용도 불허됐다. 우리는 언론노조 본조에서 제공한 이동식 앰프를 활용해 선언문을 낭독했다. 선언은 어떤 외부의 승인이나 협조 없이도, 우리가 구성원으로서 마땅히 할 수 있는 권리이자 책무였다.

이 선언은 정치적 목적이나 정파적 입장과는 무관한 것이었다. 시사·보도 기능의 복원, 블랙리스트 제도의 철폐, 시민 세금으로 제작된 시사 콘텐츠의 복원, 진행자에 대한 손해배상 소송 철회 등 우리가 요구한 내용은 방송사로서 지켜야 할 최소한의 기준들이었다.

이 다섯 가지 조치는 TBS가 공영방송으로서 존립하기 위해 반드시 되돌려야 할 항목이었고, 방송 자율성과 시민 신뢰 회복을 위한 핵심 과제였다. 선언문에는 언론노조 TBS지부 조합원들이 함께 이름을 올렸고, 선언 당일 현장에는 신장식 의원을 비롯한 시민사회 인사들이 함께했다. 그 자리에서 우리는, 다시는 같은 일이 반복되지 않도록 제도적 대책을 마련하겠다는 의지를 함께 밝혔다.

이 선언은 단순히 과거를 되돌리는 작업이 아니라, TBS가 다시 방송사로서 기능하기 위한 최소한의 조건을 구성원 스스로 세운 일이었다. 사측이 방기한 공영방송 복원의 책임을, 구성원들이 시민 앞에서 직접 감당하겠다고 결정한 순간이었다.

법정제재라는 사후 심판대

시사 프로그램이 폐지된 뒤에도, 그 프로그램을 만들던 PD들은 책임에서 자유롭지 못했다. 방송은 사라졌고, 진행자는 떠났지만, 제작진들은 방송통신심의위원회에 반복적으로 불려 다녔다. 마치 끝난 방송에 대해 계속해서 재판을 받는 피고인처럼. 이는 TBS 전체를 '편파방송'으로 낙인찍기 위한 제도적 연출이었다. TBS는 이 시기 '공정성'이라는 이름으로 심의를 받아왔다. 그러나 그 심의는 결코 중립적인 윤리 판단이 아니다. 정치권력이 원하는 결론에 따라 작동하는 사후 정당화 도구에 가까웠다. 방송통신심의위원회는 그 통로였다. 방심위는 정권의 필요에 따라 움직였고, 그 결과 TBS에 가해진 정치적 압박은 언제나 '제도적 절차를 거친 정당한 제재'로 포장됐다. 권력의 개입은 '심의'라는 이름의, 중립성을 가장한 언어로 번역되었고, 언론의 자유는 그렇게 외부에서부터 침식되었다.

통계는 이 작동 방식의 실체를 가장 명확히 보여준다. TBS에 대한 법정제재 건수는 단 2년 만에 10배 이상 폭증했다. 특히 2023년 9월, 류희림이 방심위원장으로 취임한 이후 8개월 동안, TBS는 23건의 심의를 받았고 이 중 12건이 법정제재로 결정되었다. 제재율 52%. 그 근거는 모두 '공정성' 조항이었으며, 모든 민원은 국민의힘 측이 제기한 것이었다. 반면, 정연주 위원장 재임 시기에는 62건 중 단 1건만이 법정제재였다. 제재율 1.6%. 그마저도 '공정성'이 아닌 '재난보도 미흡'이라는 항목이었다. 이 극단적인 수치의 격차는 단지 방심위의 엄격함이 달라진 결과가 아니다. 그것은 심의 기준 자체가 정치화되었고, 위원회의 구성과 작동이 정권에 종속되었음을 보여주는 결정적 증거다. 그 작동 방식은 단순하고 반복적이다.

- 정치권이 불편한 방송을 민원으로 지목한다.
- 방심위는 '공정성' 조항을 근거로 심의를 상정한다.
- 여권 추천 위원들이 표결을 통해 법정제재를 결정한다.

그 결과는 "TBS는 편향적이다"라는 주장의 '공식 근거'로 활용된다. 결과는 처음부터 정해져 있었고, 심의는 그것을 정당화하는 형식이었다. 예산이 이미 끊긴 상황에서 이 모든 절차는 정권이 "우리의 행위는 정당했다"고 말할 수 있게 해주는 정치적 연출이었다. TBS는 이에 대해 반박조차 할 수 없었다. MBC처럼 소송을 제기할 여력도 없었다. 운영비조차 확보하지 못한 현실 속에서 방심위의 결정을 그대로 따를 수 밖에 없었다. 그렇게 법정제재는 단 한 번의 반론 없이 '공적 기록'으로 남았다. 그때 방송심의는 단지 제도적 절차가 아니었다. 그것은 칼을 들지 않고도 언론의 숨통을 조이는, 권력의 가장 정밀한 무기였다. 칼날은 없었지만, 피는 분명히 흐르고 있었다.

법정에서 싸운 이유 – 기록으로 남긴 최후의 저항

2023년 2월, 우리는 TBS 폐지 조례에 맞서 행정소송을 제기했다. 서울시와 서울시의회 국민의힘이 단행한 조례 폐지는 공영방송의 법적 존립 근거 자체를 없앤 전례 없는 조치였다. 그 조례가 과연 정당한지를 법적으로 따져묻는 것, 그것이 우리에게 남겨진 마지막 제도적 길이었다.

나는 전국언론노조 TBS지부장 출마 당시, '폐지 조례 무효확인 소송'을 공약으로 내걸었다. 그리고 지부장이 된 이유 역시, 바로 이 싸움의 맨 앞에 서기 위해서였다. 그러나 이 소송은 시작부터 저항의 언어로 여겨졌고, 곧바로 권력의 표적이 되었다. 서울시의회 국민의힘 의원들은 소송에 참여한 노조와 구성원을 공개적으로 비난하며 징계를 요구했고, 사측은 "예산을 받으려면 소송을 철회하라"는 회유와 압박을 반복했다. 소송을 제기한다는 것은 생존을 포기하겠다는 선언처럼 받아들여졌다. 그럼에도 우리는 물러서지 않았다. 우리는 이 조례가 부당했다는 기록을 반드시 남겨야 한다고 믿었다. 누군가는 법의 테이블 위에 이 사건을 올려놓고, '정치적 폭력 앞에 침묵하지 않았다'는 증거를 남겨야 했다. 소송의 결과는 두 번째 문제였다.

2023년 12월 15일. 서울행정법원은 결국 이 소송을 각하했다. "TBS재단이 소송에 참여하지 않았기 때문에, 구성원은 원고로서 자격이 없다"는 판단이었다. 핵심 쟁점은 끝내 법정에 오르지도 못했다.

서울시의 조례 폐지는 정당했는가?
이로 인해 시민의 권리는 어떻게 침해당했는가?
30년 넘은 방송사가 그렇게 쉽게 무너져도 되는가?

그 질문들은 법정 문턱 앞에서 삭제되었다. 우리는 법적 다툼을 할 자격조차 없다는 판결만이 남았다. 그러나 이 싸움은 그 자체로 증거다. 정권의 필요에 따라, 단 한 줄의 조례로 시민의 세금으로 만들어진 방송사가 사라질 수 있다는 현실. 그것이 과연 어떻게 정당화될 수 있는지를 묻는 질문이 바로 이 싸움의 본질이었다. 법은 그 질문을 외면했지만, 그 물음은 여전히 유효하다. 그리고 그 물음을 끝까지 포기하지 않았던 사람들이 있었다.

TBS 폐지조례 무효확인 소송의 필요성을 처음 제기한 유선영 전 TBS 이사장은 그중 한 사람이었다. 그는 왜 이 싸움이 필요했는지, 어떤 권리가 침해되었는지를 가장 정확한 언어로 설명해냈다. 그의 탄원서는 비록 법적 판결의 결과를 바꾸진 못했지만, 이 책이 품고 있는 가장 단단한 진술이다. 나는 그의 동의를 받아, 이 장의 끝에 그 전문을 수록한다. 이것은 한 사람의 글을 넘어, 침묵과 부당함에 맞서 끝까지 질문을 이어간 사람의 증언이다.

탄원취지

본 탄원인은 서울시미디어재단 TBS의 이사장으로 2년여간 (2021.1-2023.2) 재직하였으며 2023년 1월 12일에 개최된 이사회(제32차)에서 서울시장에 대해 '서울시 미디어재단 TBS 설립 및 운영에 관한 조례 폐지 조례안'에 대한 무효확인 행정소송을 제기하도록 의결한 바 있습니다. 2021년 4월 이후 신임 서울시장, 국민의힘 국회의원 및 시의원들이 발의한 '조례 폐지 조례안'의 통과 과정을 TBS 이사회, 경영진, 노조 등 직원들과 함께 고통스럽게 지켜본 당사자로서 본 행정소송의 당위성 및 원고들의 원고 적격성을 탄원하고자 합니다.

탄원내용

존경하는 재판장님,

'TBS 설립 및 운영 조례 폐지 조례안'의 부당성, 폐해 및 한국사회에 미칠 부작용에 대해서는 다양한 입장이 있을 수 있으나, 전임 서울시미디어재단의 이사장(비상임)의 입장에서 크게 4가지 문제점을 제기하고 최종적으로 행정소송의 당위성 그리고 원고 적격성에 대한 이해를 구하고자 합니다.

첫째는 정부 및 지자체 행정행위 및 처분의 신뢰성이 심각하게 훼손되었음을 지적하고자 합니다. 서울시 산하 사업소였던 TBS는 2017~2020년의 거의 4년에 걸쳐 방송통신위원회가 방송면허 허가 시 주문한 방송 독립성을 제도화하기 위한 재단법인화 작업을 시작했습니다. 이 과정에서 서울시, 서울시의회, 방송통신위원회, 행안부, TBS 간에 법률에 따라 모든 절차가 진행되었고 마침내 2020년 2월 재단법인 TBS가 설립되었습니다. 독립적이고 자율적인 지역공영방송을 표방하였으며 서울시민의 정보접근권을 보장하는 책무와 사명, 목표가 설정되었습니다. 이에 TBS 직원들은 소속, 신분, 미래에 대한 4년여의 불안을 감내하면서 TBS 직원으로 전직하였습니다. 서울시 등 행정기관과 관련법, 조례, 규정 그리고 약속에 대한 신뢰가 없었다면 쉽지 않았을 겁니다. 그러나 조례 폐지 조례안은 재단 설립에 투여된 서울시, 서울시의회, TBS 직원들 등 수백 명의 3~4년 간의 노력으로 만들어진 공영방송사를 특정 정당의 정치적 편향, 기준과 잣대에 따라 일체 부정되었고 순식간에 조례 폐지라는 결말에 이르렀습니다. 말 그대로 조변석개식 행정행위와 처분이 성사되었고 다수의 서울시민은 한국사회 행정시스템과 의사결정구조, 행정 절차의 정당성에 대한 실망, 허탈과 좌절을 금치 못했습니다. 정권 교체가 이런 조변석개식으로 원만히 작동하는 제도들을 마음에 들지 않는다고 일거에 폐지하거나 중단하는 행정으로 이어진다면 그 사회는 지속가능하지 않게 됩니다. 무엇보다 국민의 행정에 대한 신뢰가 훼손될 것이고 이는 장기적으로 한국사회 시스템의 불안정성, 불

건강성을 가중시킬 것이기 때문입니다. 이미 국민의 제반 행정기관 및 제도에 대한 신뢰는 오랫동안 매우 낮은 상태가 유지되어 왔고 아시다시피 저신뢰는 위험사회의 한 가지 지표로 간주되고 있습니다. 이런 이유로 서울시의회 조례 폐지 조례안은 사법부가 공정한 판단을 통해 올바른 방향을 제시해야 하는 사안이라고 생각합니다.

둘째, 서울시민의 소중한 자산인 공영방송을 특정 정당이 자신들만의 잣대로 매도하는 데서 더 나아가 언론의 제작 자율성과 편성의 독립성을 보장한 헌법적 권리이자 자유인 언론의 자유를 훼손하였습니다. 국민의힘 소속 서울시장과 서울시의원들은 특정 시사프로그램의 편향성을 이유로 부단히 TBS에 대한 감사 및 징계, 지원금 대폭 삭감, 조례 폐지안 추진 등의 압박을 가해왔고 결국 TBS 인지도, 명예, 수익향상에 지대한 기여를 했던 간판 프로그램, 진행자들 및 대표이사의 중도 하차가 단행되었습니다. 이후 TBS는 매출저하로 인해 오로지 서울시 지원금에만 의존해야 하는 사태에 이르렀습니다. 문제는 TBS의 정치적 편향성에 대한 서울시민의 인식은 국민의힘의 그것과 판이하게 다르다는 사실입니다. TBS는 6년 연속 전체 라디오 청취율 1위를 기록한 '뉴스공장'과 저녁 시사프로그램 청취율 1위였던 '신장식의 신장개업'을 비롯해, 다수의 서민경제, 환경, 기후, 역사, 교양 프로그램을 제작하여 정부 및 공공기관, 시민사회단체의 공신력 있는 방송 관련 상을 수상하는 등 공영방송다움을 과시했고 이에 시민들은 높은 청취율과 관심으로 호응하는 선순환이 이뤄지고 있었습니다. 국민의힘의 집중 타깃이 된 시사프로그램의 진행자 김어준은 한국 전체 '언론인 신뢰도 조사'에서 지난 몇 년간 손석희에 이어 2위에 오르는 등 상위권에 점유할 정도로 공신력을 갖고 있었습니다. 방송인의 생명줄은 시민이 평가하는 공신력이라는 점에서 객관적으로 그의 편향성은 문제가 되지 않았습니다. 그럼에도 '조례 폐지 조례안'이 발의되고 의결되는 과정에서 언론자유와 표현의 자유를 명시한 헌법적 가치와 정신의 훼손은 심각했습니다. 나아가 공영방송에 대한 탄압을 시의회 의결이라는 행정절차에 따라 자행하면서 시민사회의 공론 과정도 충분히 거치지 않았고 다수의 힘으로, 일방적으로 결의했습니다. 이러한 상황에 직면하여 사법부의 현명한 판결만이 대한민국 헌법 정신을 지켜 줄 수 있다고 믿고 소송을 제기했음을 널리 헤아려주시기를 바랍니다.

셋째, 조례 폐지 조례안은 행정처분의 비례원칙을 저버렸습니다. 행정행위가 남용, 오용되는 것을 막기 위해 설치한 행정법상 비례의 원칙을 사법부가 지켜주시기 바랍니다. 지금 우리 사회는 가짜뉴스가 진실보도가 되고, 사실보도가 악랄하고 극악무도하다 못해 사형감인 가짜뉴스로 전도되는 가치전도의 혼돈 속에 있습니다. 이런 상황이기에 독립적 공영방송과 시민이 신뢰할 수 있는 언론의 필요성은 더욱 절실합니다. 서울시와 시의회는 일관되게 개별 프로그램과 진행자의 문제를 논란으로 밀어넣으면서도 이 문제들을 자율적으로 개선하도록 한 민주주의 원칙을 간과하거나 무시했습니다. 국민의힘은 자당의 정치적 편향성, 나아가 상황에 따라 편의적이고 일방적인 잣대로 TBS 진행자, 프로그램, 경영자, 이사회를 좌파편향으로 규정하고 더 나아가 지원폐지로 압박했습니다. 이는 명백히 민주주의 사회가 용인할 수 있는 선을 넘은 것입니다. 언론의 자유를 침해하면서 개혁, 개선이라고 하고, 언론통제를 시도하면서 정상화라고 강변하는 무리수를 거듭했습니다. 조례 폐지 조례안의 실효는 정치적 파당성에 기반한 특정 정당의 정치적 판단에 따라 공영방송도 폐지할 수 있다는 선례를 만들게 됩니다. 민주주의 체제에서는 허용될 수 없는 이러한 행정행위가 '있을 수 있는 일'로 자리 잡는 것이 언론학 전공자의 입장에서는 가장 공포스러운 점이기도 합니다. 학자적 양심과 가치관이 상처받는 것이 무형의 피해라면 TBS 직원들이 겪고 있는 수난과 고통, 미래에 대한 불안은 실질적이고 직접적인 피해입니다. 국민의힘 관계자들에 의해 시비와 논쟁에 휘말린 프로그램을 제작했거나 의사결정과정에 참여한 직원들은 2021년 4월 이후 매일 불안과 공포에 시달려왔습니다. TBS 사규는 공영방송사의 일반적인 가이드라인에 따라 자율제작과 편성독립의 원칙을 보장하고 있습니다. 왜냐하면 헌법상 언론의 자유는 현실에서는 제작인력의 자율적이고 독립적인 제작과 편성을 보장함으로써 구현될 수밖에 없기 때문입니다. 이들은 TBS 임직원으로 종사한 지 3년 만에 직장을 잃을 위기에 처한 데다, 제작 프로그램과 연관하여 각종 징계, 감사, 소환, 심문, 인사평가를 감당하고 있습니다. 그리고 조만간 중징계, 파면, 해고 등에 직면하게 될 것이라는 생존의 불안감과 정체성위기가 겹쳐 심리적 붕괴를 겪고 있습니다. 방송인으로서, 직업인으로서, 생활인으로서 이들이 겪고 있는 고통과 피해는 행정의 비례원칙이 무시되고 경시될 때 어떤 일이 발생할 수 있는지를 잘 보여주는 사례입니다. 판사님께서 한국 사회에 지켜야 할 행정의 원칙들을 분명히 밝혀주시길 탄원합니다.

넷째, 조례 폐지 조례안의 무효확인소송의 원고 적격성에 대한 판사님의 명징한 선처를 구합니다. 본 소송의 원고들은 앞의 3번째 항목에서 말씀드린 제작인력이 주축입니다. 이들은 기자, PD, 영상제작, 작가 등의 직무 관련자로 공영방송의 방송제작인력이자, 미디어재단 TBS의 직원입니다. 다시 말해 이들은 단지 TBS를 직장으로 둔 직업인인 것만이 아니라 '조례 폐지 조례안'에 내재된 공영방송 해체의 위기를 가장 앞에서 누구보다 처절하게 감내하고 있는 언론인이자 방송인들입니다. 원고들이 언론노조, PD협회 등 직능단체의 지부 소속이라는 사실이 공영방송인으로서 이들의 철학을 방증합니다. 조례 폐지 조례안의 실질적인 효과와 그로 인한 피해를 2개를 꼽는다면 하나가 공영방송 해체이며, 둘은 원고 적격성을 판단 받아야 하는 제작부서 직원들이 감당해야 할 피해입니다. 물론 TBS 350여 명 임직원 전체가 이번 폐지안의 피해자들이지만, 그중에서 피해의 선후, 경중을 따진다면 방송인, 언론인으로 살아온 제작부서 직원들의 정체성과 직업인으로서 안정성이 칼날 위에 서 있는 것과 같은 상태라는 점은 누구나 인정하고 또 걱정하는 바입니다. 법조인이 아니어서 단언할 수 없지만 민주국가의 국민된 한 사람으로서 이해하기에 대부분의 소송에서 원고는 '문제적 사태'로 인해 가장 피해를 봤거나 피해가 예상되는 피해자일 것입니다. 이사장 재임 시 마지막 이사회에서 '조례 폐지안' 무효확인소송을 제기하도록 의결했지만, 서울시와의 우호적 관계와 지원금 확보를 최우선시한 경영진의 정치적 고려에 의해 결국 무산되었습니다. 그리고 새로운 이사진이 구성됨에 따라 회사 차원의 무효확인소송은 기대할 수 없는 상황이 되었습니다. 조례 폐지안 무효확인소송을 제기한 원고들은 서울시와 시의회의 행정처분이 단지 TBS 직원들의 생계를 위협하기도 하지만 그보다 먼저 서울시민 다수가 신뢰하고 애청하던 독립적 공영방송의 해체를 우려하고 우선시하는 직원들임을 고려해 주시기 바랍니다. TBS 전체 임직원들이 각자의 위치에서 다른 생각과 행동을 하고 있지만 부정할 수 없는 사실은 모두가 조례 폐지는 불가하다고 일치된 목소리를 내는 점입니다. 소송이라는 적극적이고 주도적인 행위를 감행하고 결단하기 위해서는 방송인으로서 정체성과 가치관, 철학이 필요합니다. 원고들은 공영방송 TBS를 유지해야 한다는 방송철학과 실천의지를 갖고 소송을 준비했으며 자신들의 직업적 안정성과 신분이 위협받는 직접적 피해자의 처지에서 소송에 나섰습니다. TBS 사태의 전후 과정을 지켜보면서 민주주의제도에 대해 적잖이 실망했지만, 공영방송체제만큼은 21세기에 더욱 필요한 제도라고 믿는 언론학자의 입장에서 현재 적시된 원고들보다 더 나은 자격을 갖춘 당사자는 없다고 확신합니다.

이에 존경하는 재판장님의 넓은 이해를 구하고자 탄원서를 작성하였습니다. TBS 조례 폐지 조례안은 한국 사회의 민주주의 시스템, 언론자유를 명시한 헌법의 작동, 국민권익과 행정의 신뢰성 등 문제들이 내재된 부당한 행정처분이며 그만큼 우리 사회에 미칠 부작용이 클 것으로 예상되는 심각한 사안입니다. 부디 헌법정신에 따라 공정하고 투명하게 사법부의 법적 판단을 받을 수 있는 기회가 주어지기를 바랍니다. 소송은 승패를 떠나 그 자체로 의미를 지닐 것입니다. 소송과정에서 제기되는 쟁점들이 우리 사회 전체 행정시스템의 올바른 작동에 크게 기여하는 시사점을 던져 줄 것이기 때문입니다.

5장
인용보도, 침묵을 강요당한 언론

어떤 진실은, 말한 사람보다 그것을 전달한 사람이 더 큰 대가를 치른다. 뉴스타파가 보도한 '김만배-신학림 녹취록'은 대한민국 사회 전체를 뒤흔든 충격적인 사건이었다. 하지만 권력은 진실 여부보다, 그 진실을 전달한 언론을 먼저 겨냥했다. TBS도 그 대상 중 하나였다. 단지 녹취록 내용을 인용보도했다는 이유로, TBS는 정치적 책임을 요구받았다. 징계가 내려졌고, 서울시는 감사를 시작했다. 내부에서는 위축과 자기검열이 일어났다. 이 장은 기록한다. 우리를 가장 깊이 다치게 한 것은 정치의 광기가 아니라, 그 광기에 맞서지 못한 우리 내부의 침묵이었다는 사실을.

김만배 녹취록 인용보도 사태

2022년 3월 6일. 비영리 탐사보도 매체 뉴스타파는 '김만배-신학림' 대화를 담은 녹취록을 보도했다. 그 안에는 김만배 씨가 윤석열 당시 대선 후보와 연루된 부산저축은행 수사 무마 의혹을 직접 언급한 정황이 포함되어 있었다. 대통령 선거를 불과 사흘 앞둔 시점, 이 보도는 단숨에 주요 언론과 방송사에 의해 인용되었고, TBS도 그 중 하나였다. 〈김어준의 뉴스공장〉과 〈신장식의 신장개업〉은 해당 인용보도를 토대로 사건을 소개하고 해설하는 형식으로 방송을 전했다. 여기까지는 아무 문제 없었다.

그러나 논란이 된 건 사건이 보도되고 1년 6개월이 지난 2023년 9월이었다. 검찰은 신학림 전 언론노조 위원장이 김만배로부터 책값 명목으로 거액을 수수했다고 발표했고 자택을 압수수색한다. 그 순간부터 뉴스타파의 당시 보도 전체가 '조작 아니냐'는 정치권의 공세에 휩싸였다. 그리고 그 불똥은 당시 보도를 '인용'한 방송사들에게로 옮겨붙었다.

그해 국정감사장에서 이동관 방송통신위원장은 '원 스트라이크 아웃제'를 거론하며 해당 보도를 직접 문제 삼았고, 바로 이어 류희림 방심위원장은 심의를 착수했다. 방심위는 김만배 녹취록을 인용보도한 TBS 프로그램들에 대해 '관계자 징계'와 '주의'라는 법정제재를 결정했다. 이는 방송사 재허가에 불이익이 되는 상당히 강도 높은 처분이었다.

TBS는 김만배 녹취록 인용보도에 관해 재빠르게 공식 사과문을 발표했다. 그러나 사과문 어디에도 방송에서 어떤 사실이 틀렸는지, 무엇을 왜 사과하는지에 대한 구체적 설명은 없었다. 사과의 이유는 단지 "인용보도가 신중하지 못했다"는 짧은 유감 표명에 불과했다. 그것은 '언론사로서의 반성과 해명'이 아니라, 정권의 분노를 달래기 위한 정치적 제스처였다.

같은 날, TBS는 유튜브에 업로드 되었던 해당 방송 영상들을 비공개 처리했다. 공공저널리즘의 한 기록이, 사라지는 순간이었다. 시민의 판단은 배제되었고, 내부의 토론도 없었다. 스스로를 검열한 것이었다. 그리고 방심위 징계를 받은 담당 PD에 대해서는, 별도의 징계 처분을 내렸다. 외부 기관의 제재를 내부 징계로 '자동 이행'한 것이다. 그저 공기처럼 흘러든 분위기, "방심위 징계가 내려졌으니, 우리도 해야 한다"는 복종의 공기가 조직을 휘

감았다. 이 사태는 단순한 '허위 보도 징계'가 아니었다. 핵심은 이러했다.

"진실이든 인용이든, 정권이 불쾌하면 그건 방송사의 책임이다"

TBS는 그 정권의 메시지를 받아들였다. 스스로 사과했고, 스스로 영상을 내렸으며, 스스로 징계했다. 우리는 방송사로서의 자율성과 존엄을, 권력 앞에 스스로 내려놓았다. 그저 살아남기 위해서. 하지만 그 결과는 무엇이었는가. 오히려 권력의 통제 가능성만 확인시켜준 셈이었다. 우리는, 그 모든 것을 '자발적으로' 받아들였다. 이 사건의 본질은 탄압 앞에서의 구조적 복종이다. 그때 우리의 입을 틀어막은 것은 정권이 아니라 우리 스스로였다는 사실을, 결코 잊어서는 안 된다.

오! 시장이 격노했다!

2023년 9월 14일. 기사 링크가 카톡으로 도착했다. 내용은 이랬다.

"TBS가 김만배 녹취록을 인용보도하자, 오세훈 서울시장이

'왜곡 편파 보도'에 분노했고 TBS에 대한 집중 감사를 지시했다."

순간 의문이 들었다. 〈김어준의 뉴스공장〉도, 〈신장식의 신장개업〉도 이미 폐지된 지 오래였다. 지금 와서 그걸로 격노하고 감사까지 지시한다고? 너무 과민 반응 아닌가. 그해, 윤석열 정권은 언론 보도 하나하나에 신경질적으로 반응하고 있었고, 방송통신심의위원회는 매주 회의처럼 제재를 쏟아냈다. 오세훈 시장의 '격노'도 그 흐름에 호응하는 일종의 정무적 수신 신호처럼 보였다. 정권이 분노하면, 지방정부도 분노하라는 신호. 그 후, 서울시는 TBS에 감사를 통보했고 이후 실제로 감사 인력을 파견했다. 이미 방심위가 법정제재를 내린 사안이었다. 그리고 TBS는 그에 따라 자체 인사위원회까지 열었다.

방심위 법정제제 ⇨ 내부 징계 ⇨ 서울시 감사

하나의 사건을 세 기관이 순차적으로 징계하고 조사하고 압박했다. 이런 식의 다중 제재는 매우 이례적인 일이다. 모든 시작은 김만배 녹취록 인용보도였다. 방송법 제4조는 "편성에 대한 간섭은 금지된다"고 명시하고 있지만, 그 금지를 피해가는 우회로는 이렇게 작동했다. 방심위가 제재를 가하고, 지방정부가 감사를 지시하며, 방송사 내부가 자진해서 징계를 집행하는 구조. TBS는 이 일련의 압박에 저항하지 못했다. 방심위의 제재를 그대로 수용했고, 서울시의 감사 자료 요구에 응했다. 유튜브에 남아 있던 해당 방송 영상을 자진해서 비공개 처리했다. 당시 경영진은 이것을 위험 회피 전략이라 판단했고, 구성원들은 생존 전략이라 받아들였다.

그때의 분위기는 명확했다. 권력이 격노하면 방송은 곧 표적이 되었고, 제작진은 징계를 받았으며, 지방정부는 행정적 수단을 동원해 그 징계를 부추겼다. 언론의 자유, 편성의 독립, 방송의 자율성은 그 체계 안에서 서서히 사라졌다. 헌법이 보장한 권리조차, 권력이 눈을 부라리는 순간 무너질 수 있는 무도한 시대였다. 그날, '오세훈의 격노'는 대한민국 언론통제 시스템의 냉혹한 부산물이었다.

감사했답니다 – 오세훈의 오리발

2024년 10월 15일. 국회 행정안전위원회 국정감사장. 오세훈 서울시장이 증인석에 앉아 있었다. 한 야당 의원이 물었다.

"시장님, 뉴스타파 보도와 관련해 TBS에 감사를 지시하신 적

있습니까?"

오세훈 시장은 잠시 머뭇거리더니 말했다.

"기억이 잘 나지 않습니다."

추궁이 계속되자 그는 비서와 몇 마디를 나눈 후, 말끝을 흐리며 덧붙였다.

"뭐, 감사했답니다…"

이 장면은 그날 국정감사를 지켜보던 많은 이들에게 충격을 줬다. 이미 언론을 통해 서울시 감사 지시가 명확히 보도된 상황이었다. 공적 문서와 보도자료가 존재하고, 실제로 TBS에는 서울시 감사가 실시됐다. 그런데 그 지시 당사자가 "잘 기억나지 않는다"고 말했다. 그 장면은, 정치적 무책임의 교과서와도 같았다. 오세훈 시장은 법조인 출신의 정치인이다. 절차와 책임의 의미를 누구보다 잘 아는 사람이다. 그런 그가 기억이 안난다고 말한다. 책임을 흐리고, 사안을 축소하고, 핵심을 피해가는 방식. 그것은 권력이 진실을 대하는 오래된 방식이자, 가장 잔인한 정치적 기술이다.

지방자치단체가 방송 내용을 이유로 공영방송에 감사를 벌인 사례는 대한민국에서 거의 유례가 없다. 그만큼 중대한 사안이다. 감사를 지시한 사실 하나만으로도 정치적 논쟁이 가능했고, 그에 따른 해명과 책임이 뒤따라야 했다. 그러나 그날 국감장에서 들은 것은 해명도 책임도 아니었다. 그가 남긴 것은 단 하나. 오늘도 징계의 기록을 감당하고 있는 이들에게, 다시 한번 확인시켜 주는 허탈한 냉소뿐이었다.

그리고 아무말도 없었다

2024년 10월 17일. 서울행정법원은 MBC가 제기한 행정소송에서 방송통신위원회의 법정제재가 위법하다고 판결했다. 핵심 쟁점은 절차였다. MBC는 김만배–신학림 대화 녹취록을 인용해 보도했고, 방송통신심의위원회는 이에 대해 과징금을 부과했다. 그러나 이 제재는 단 두 명의 상임위원이 결정한 것이었다. 재판부는 이에 대해 "방통위가 제대로 구성되지 않은 상태에서 내린 제재는 절차상 위법"이라고 판시했다.

그 판결은 MBC만을 위한 것이 아니었다. 같은 방식으로 제재받은 모든 방송사에 적용될 수 있는 판결이었고, TBS 역시 그 대상에 포함되었다. TBS는 당시 뉴스타파 보도를 인용한 시사 프로그램을 이유로 '주의' 처분과 '관계자 징계'를 받았다. 그러므로 MBC 사례와 마찬가지로, TBS에 내려진 법정제재 역시 무효가 되어야 마땅했다.

그러나 그 뒤 TBS는 아무런 후속 조치를 취하지 않았다. 내부 징계는 철회되지 않았고, 사과 한마디 없었으며, 법원의 판단에 대한 입장 표명조차 없었다. 정치는 징계를 만들었고, 법은 그것이 틀렸다고 말했다. 그러나 조직은 그 어느 쪽에도 반응하지 않았다. 결국 남은 것은, 부당한 징계를 짊어진 제작진들이었다.

권력의 정당성 위기와 과잉 통제 욕망

'김만배 녹취록' 인용보도 사태는 윤석열 정권이 언론을 통제하는 방식이 어떻게 변화했는지를 적나라하게 보여준 대표적 사건이다. 이 사건에서 핵심은 "그 보도가 진실인가?"가 아니었다. 중요한 건, 발언의 출처가 아닌 그 발언을 '인용한 언론'이 제재 대상이 되었다는 점이었다. 과거의 언론 통제는 기사 작성자나 취재기자 개인을 표적으로 삼았다. 그러나 이번 사태에서 나타난 통제 방식은 그보다 한 단계 더 확장된 양상을 띠었다. 이는 정보를 직접 발화하지 않아도, 이를 단지 전달했거나 인용했다는 이유만으로도 징계와 제재의 대상이 되었던 '과잉 통제의 시대'였음을 뜻한다. 이는 언론 자유에 대한 정면 도전이자, 언론 전체를 잠재적 범죄자화하는 위험한 규범 전환이었다.

이런 방식이 등장한 배경에는, 당시 윤석열 정부가 출범 초기부터 정당성 위기에 시달렸던 정치적 상황이 놓여 있었다. 대통령 본인의 과거와 인사 문제, 정권 핵심 인물들과 관련된 의혹은 집권 내내 부담이었다. 이 불안한 정국을 통제하기 위해 선택된 방식은 '정면 돌파'나 '해명'이 아닌 검찰과 통제 기관을 통한 전방위적 관리였다. 정권은 정보의 흐름 자체를 봉쇄하려 했다. 단지 의혹이 보도되었다는 이유만으로도, 그것이 누구 입에서 나왔든, 어느 수준에서 다루어졌든 모두 '정권에 대한 공격'으로 간주됐다.

이 시기 오세훈 서울시장이 TBS에 감사를 지시한 행위, 방심위와 방통위가 차례로 내린 법정제재 그리고 그 후 이어진 TBS 내부의 징계는 그 하나하나가 '정치적 신호'에 따라 움직인 것이었다. 서울시의 감사, 방심위의 제재, TBS 경영진의 사과문 발표와 관련 영상의 비공개 처리 그리고 PD에 대한 내부 징계까지. 그 모든 과정은 정치적 '분위기'를 읽은 결과였으며, 눈치와 공포가 만든 자율 검열이었다. 이것이 바로 윤석열 정권의 작동 방식이다. 명령하지 않아도 스스로 순응하게 만들고, 자율적으로 복종하게 하며, 스스로 침묵하게 만드는 구조. 물리적 탄압은 점점 줄어들지만, 심리적 억압은 훨씬 더 정교하게 작동한다. 조직은 침묵을 내면화하고, 구성원은 자기검열에 익숙해지며, 언론은 비판보다 회피를 택하게 된다. 이 사태의 본질은 이렇게 묻는 것으로 시작한다.

"언론을 침묵시킨 것은 정말 정권만이었는가?"

진짜 두려운 사실은 이것이다. 언론을 억압한 건 권력이지만, 스스로를 침묵시킨 것은 언론 자신일 수도 있다는 것. 복종은 강요가 아닌 선택일 때 더 무섭다. '김만배 녹취록' 사태는 그 선택의 구조를 명확히 드러냈다.

6장
생존 거래 - 민영화의 시간

TBS지원조례가 무너진 자리에, 더 깊은 붕괴가 시작되었다. TBS는 '민영화'라는 단어를 꺼내야만 했다. 이는 시간을 벌기 위한 가짜 거래였고, 생존을 위한 거짓 항복이었다. 민영화는 정권의 구호를 지방권력이 복제한 것에 불과했고, 방송사는 스스로 정체성을 무너뜨리며 가짜 거래로 연명했다. 5개월짜리 유예는 곧 폐국의 예고장이었다. 존엄 대신 시간을, 신념 대신 생존을 선택한 이 시간. 우리는 스스로를 지키려다, 스스로를 잃어갔다.

아무도 원하지 않던 선언

2023년 11월 27일. TBS가 민영화를 공식화 한다는 기사가 발표됐다. '민영화'라는 단어가 TBS 내부에서 나온 건 그때가 처음이었다. 이 때의 민영화 선언은 TBS 사측과 서울시 측이 논의해 만든 입장이었다. 그들의 목표는 서울시의회로부터 TBS 지원 조례의 '일시적 연장'을 끌어내는 것이었다. TBS의 지원 조례는 이미 2022년 11월에 서울시의회 국민의힘 주도로 통과된 상태였다. 다만 그 효력은 2024년 1월 1일부터 적용될 예정이었고, 당시 기준으로 TBS가 보장받은 시간은 겨우 한 달 밖에 남지 않은 상황이었다. 서울시의회 다수파는 연장 논의조차 거부하고 있었고, 특히 일부 의원들은 "민영화가 정답"이라는 입장을 고수하고 있었다. 이 상황에서 서울시 측과 TBS 경영진은 다음과 같은 전략을 세웠다.

"TBS는 현재 민영화를 검토하고 있다. 준비가 필요하니 시간을 달라."

이렇게 말하면 서울시의회를 유연하게 설득할 수 있을 거라고 판단한 것이다. 노조와의 면담 자리에서 대표는 이렇게 해명했다. "진짜로 민영화를 추진하려는 게 아니다. 서울시의회로부터 '6개월 조례 연장'을 얻기 위한 방편이다."

즉, 2023년 11월의 '민영화 선언'은 실제로 민영화를 추진하려는 시도가 아니라, 서울시의회 다수파의 입장을 일정 부분 수용하는 듯한 모양새를 통해 시간을 벌기 위한 '전략적 수사'에 가까웠다. 하지만, 이 선언은 내부에 혼란을 남겼고, 조직에 대한 신뢰를 무너뜨렸다.

민영화 구호는 어디에서 왔는가

사실 TBS 스스로 민영화를 선언하기 전, 외부에서 '민영화'를 언급한 건 서울시의회 국민의힘 비례대표 의원이었다. 그는 예산을 삭감하면서 해결책을 제시하듯 민영화를 꺼냈다. 하지만, 이 주장은 자율적 판단이나 제도적 설계에서 비롯된 것이 아니다. 그 말은 철저히 하달된 언어, 즉, 정권이 만든 프레임을 지방 권력이 복제해 내는 구조 속에서 등장한 정치적 구호였다. 당시 윤석열 정권은 이른바 '1공영 多민영' 기조를 중심으로 공영언론 구조의 재편을 시도하고 있었다. 핵심은 단순하다. KBS나 EBS 중 하나만 남기고, 나머지는 민영화하거나 기능을 축소하겠다는 방향이다.

이 구도는 방송통신위원회 장악, KBS 수신료 분리징수, MBC 압박, YTN 매각 등 일련의 조치들과 맞물려 '정권이 통제 가능한 하나의 공영방송'만 남기고 비판적 기능을 가진 방송들은 시장 논리로 민영화하겠다는 시도였다. TBS는 이 전략의 지방 버전이었다. 서울시의회 국민의힘은 그 전략을 자신들의 언어로 번역하지 않았다. 그저 복제했고, 전달했으며, 반복했을 뿐이다. 서울시의회 국민의힘 의원이 "민영화하면 된다"고 말할 때, 그 말은 정책 제안이 아니라 정권의 메시지를 지방에 투영한 정치적 앵무새 효과에 불과했다. 그들은 TBS가 민영화될 수 있는 구조인지, 방송법상 어떤 제약이 있는지, 현재 법인 구조에서 어떤 한계가 따르는지를 묻지 않았고, 말하지도 않았다.

그저 윤석열 정부가 '공영방송이 많다', '편향되었다'고 말하면 그 맥락을 그대로 TBS에 덧씌웠다. 이처럼 TBS에 대한 민영화 요구는 서울시의회의 판단이 아니었고, 서울시의 정책도 아니었으며, 심지어 방송 정책에 대한 진지한 고민조차 아니었다. 그것은 정권의 언론 통제가 지방 권력에 의해 하청 배달된 정치 구호였다.

이 구호가 위험한 이유는 단 하나다. 복제된 언어는 책임을 갖지 않는다. 그들은 구호를 말했지만, 실행 계획은 없었고, 실행 주체도 없었으며, 그 결과에 대한 책임조차 지려 하지 않았다. 그들이 민영화를 외치고 돌아선 뒤, 현장에서 혼란을 감당한 것은 TBS 내부 구성원이었다. 그리하여 '민영화'는 구체적 정책이 아닌 권력 간 단일한 구호 체계의 산물로 기능했고, 그 구호는 실체 없는 공포를 만들고, 결국 공공언론의 정체성을 훼손하는 방향으로 작동했다.

5개월의 시간을 벌다

정작 민영화 선언은 아무런 효과가 없었다. 서울시의회 국민의힘 다수파는 TBS의 입장 변화에 눈 하나 깜짝하지 않았다. 김현기 당시 의장을 포함한 의회 지도부는 TBS가 민영화를 검토하고 있다는 사실 자체에 어떠한 정치적 반응도, 정책적 조율도 응하지 않았다. 당시 TBS 내부에서는 서울시의 조례 폐지를 무효로 돌리기 위한 행정소송이 진행 중이었지만, 법원은 2023년 12월 15일 '원고 부적격'을 이유로 소송을 각하했다. 법적 대응도, 정치적 설득도 모두 실패한 셈이었다. 이대로라면 TBS는 2024년 1월 1일부로 예산 없이 존립해야 하는 상황에 놓이게 된다. 그러나 예상치 못한 국면 전환이 있었다. 2024년 4월 총선을 약 석 달 앞둔 시점, 서울시와 서울시의회는 공통적으로 하나의 정치적 리스크를 인식하게 된다.

'총선을 앞두고 TBS가 공식 폐국되는 장면이 현실화될 경우, 그에 따른 정치적 부담이 여론에 악영향을 줄 수 있다'는 판단이었다. 특히 서울시민 다수가 직접 청취하는 '지역 공영방송'의 폐쇄는, 국면 전환보다는 불필요한 분란에 가깝다는 판단이 공유된 것으로 보인다. 이 공감대 속에서, 서울시와 시의회는 일시적 유예 조치로서 '조건부 조례 연장'과 '출연금 일부 지원'을 결정하게 된다. 단, 그 조치는 한정된 조건으로 명확히 선을 그은 형태였다. 연장 기간은 TBS가 요청한 6개월이 아닌 5개월이었고 출연금은 총 93억 원으로, 정확히 5개월 치 인건비에 해당한다. 또한 2024년 6월 이후 더 이상의 조례 연장은 없음을 명시하였다. 또한 당시 서울시의회 의장은 서울시가 TBS를 출연기관에서 해제하는 것을 공식화할 것을 요구했다.

2023년 12월 22일, 서울시의회는 해당 조건하에 TBS 지원 조례 연장안과 출연금 93억 원 예산안을 통과시킨다. 이는 TBS가 공식적으로 지급받은 사상 마지막 서울시 예산이자, 출연기관으로서의 법적 신분을 유지할 수 있는 마지막 유예 조치였다. 즉, 이 연장은 TBS를 위한 회생 조치가 아니라, 정치권의 부담을 줄이기 위한 전략적 유예에 가까웠다. 서울시와 시의회는 '지금 당장은 끝내지 않는다'는 점에서 타협했지만, 그 5개월은 연장이 아니라 종료 전 한시적 유예에 불과했다.

민영화 위장술 – 투자자 발굴 용역

2024년 새해가 밝았지만, TBS는 또다시 기한부 생존 상태에 놓여 있었다. 5개월짜리 조례 연장과 93억 원의 출연금은 6월 1일이면 종료될 예정이었고, 그 이후에 대한 보장은 없었다. 정태익 대표는 당시까지도 구조조정은 불가하다는 입장을 고수하고 있었다. 따라서 TBS 내부의 목표는 명확했다. 지금 확보한 5개월을 디딤돌 삼아, 정치 지형이 바뀌는 시점을 기다리며 다시 한번 조례 연장을 끌어내는 것. 2024년 7월 서울시의회 의장이 교체되는 것을 계기로, TBS 폐지 조례의 실효를 막을 수 있는 정치적 균열을 만들어내는 것이 현실적인 시나리오였다.

하지만 문제는 민영화 선언이 이미 대외적으로 발화된 상태였다는 점이다. "민영화를 하겠다"고 해놓고, 아무것도 하지 않으면 그것 자체가 다시 문제로 지적될 수 있었다. 민영화를 실제로 추진하지 않더라도, '민영화를 추진하는 것처럼 보이기 위한 형식적 준비'는 불가피했다.

이러한 배경 속에서, TBS는 2024년 1월 민영화 TF를 구성하고, 3월말, 삼정KPMG를 통한 '투자자 발굴 용역'을 공식화한다. 이 용역의 실제 목적은 명확하지 않았다. 투자자를 진지하게 유치하기 위한 실질적 계획이라기보다는, 서울시의회에 "시간이 더 필요하다"는 명분을 제공하기 위한 전략적 장치에 가까웠다. 용역 착수 당시, TBS 내부에서도 민영화가 실현가능하지 않다는 인식은 공유되고 있었다.

그럼에도 불구하고 이 과정은 필요했다. "민영화를 위한 법적·제도적 정비가 필요하다 ⇨ 시간이 필요하다 ⇨ 지원조례를 추가로 연장해달라"는 흐름을 만들기 위한 구실로서 기능한 것이다.

이 시점에서 정태익 대표는 스스로 책임을 지고 사퇴를 결심한다. 자신이 끝내 예산을 온전히 확보하지 못했고, 서울시와 시의회로부터 추가 연장을 끌어내지 못했다는 점에 대한 조직적·정치적 한계를 인정하는 선택이었다.

2024년 4월 10일 총선이 치러졌다. 총선 결과는 압도적인 야당의 승리로 귀결되었고, 민주당이 다시 국회 다수당이 되었다.

TBS 내부에서도 총선 이후의 정치적 변화가 조례 연장, 출연기관 해제 저지 등에서 새로운 협상 여지를 열어줄 수 있다는 기대가 분명히 존재했다. 그러나 그 기대는 오래가지 않았다. 서울시의회 국민의힘 다수파는 태도를 바꾸지 않았다. 총선 결과는 중앙정치에서의 균열을 의미했을 뿐, TBS를 대하는 서울시정과 시의회의 기조에는 아무런 변화도 일어나지 않았다.

폐국이 현실로 다가왔다

2024년 2월, TBS 내부에서 처음으로 '폐국'이라는 단어가 조직적으로 입에 오르내리기 시작했다. 이는 단순한 비유가 아닌 실제적인 위험이었다. 서울시의회는 이미 5개월 출연금 연장은 마지막이라는 점을 명확히 밝혔고, 서울시는 6월 1일 이후 출연기관 해제를 공식화할 계획이었다. 이 말은 곧, TBS가 더 이상 법적·재정적 기반 없이 운영될 수 있다는 것을 의미했다. 예산이 없다면, 방송을 제작할 수 없고, 방송을 하지 못한다면 주파수 반납과 함께 실질적 폐국 절차로 이어질 수밖에 없는 현실적 시나리오가 눈앞에 다가온 것이다. 이때부터 'TBS가 진짜 사라질 수 있다'는 인식이 구성원들에게 깊숙이 각인되기 시작했다. 더 이상 상징적인 위기나 언론 자유의 상처가 아니라, 방송사의 운영 종료라는 물리적 현실로 다가왔다.

이에 따라 TBS는 서울시와 서울시의회를 상대로 강도 높은 회유와 압박을 병행하게 된다. 우리는 서울시에 '폐국만은 막아달라'는 취지의 탄원서를 제출했고, 전국언론노조는 기자회견을 열어 "지금 문을 닫게 할 것이냐"며 시의회에 공개적 압박을 가했다.

이미 민영화를 선언한 상황에서, 서울시의회에 지원 조례연장을 재요구하려면 명분이 필요했다. 이를 위해 당시 경영전략본부장은 삼정KPMG의 투자자 발굴 용역을 전략적으로 활용하게 된다. 그는 투자자 유치를 통해 민영화로 나아가겠다는 계획을 대외적으로 제시하면서, 동시에 이렇게 주장했다.

"이 과정을 진행하려면 시간이 더 필요하다. 지금의 5개월로는 불가능하다."

당시, 이 논리는 TBS의 구조개편이나 외부 후원 유치보다는 시간 확보 논리의 정당화 도구로 기능했다. 실제로 삼정KPMG 용역이 제시한 분석 결과는 민영화 전략의 허구성과 구조적 한계를 드러내는 내용이었다. 현재 같은 법인 구조에서는 외부 투자유치가 거의 불가능하며, 정관 변경 없이는 후원 기업에 세제 혜택을 제공할 수 없고, 방송법상 지분 이전이나 지배구조 변화도 제약이 매우 크며, 실질적 민영화가 현실화되려면 수년 단위의 준비와 법 개정이 필요하다는 것이었다.

결과적으로, 투자자 발굴 용역은 '민영화를 위한 실행계획'이라기보다는, '시간이 필요하다는 말의 기술적 뒷받침' 역할에 머물렀다. 이 직전시기, 내부적으로는 희망퇴직이 본격적으로 실시되었고, 많은 동료들이 회사를 떠났다. 방송 제작 인력뿐 아니라 주요 기능 부서에서도 이탈자가 속출했다. 공영방송 해체의 물리적 전조가 조직의 현실로 나타나기 시작한 것이다. 2024년 5월은 TBS 구성원들에게 가장 절박했던 시기였다. 방송사의 문을 닫는다는 말이 공포가 아니라 현실의 선택지 중 하나로 검토되던 시간, 우리는 존재의 정당성을 입증해야 했고, 폐국을 막아야 한다는 당위만으로는 더 이상 버틸 수 없었다.

나는 무너지고 있었다 – 신념과 책임, 그 사이에서

이때의 나는 서서히 무너지고 있었다. 말로 다 표현할 수 없는 혼란과 고통이 머릿속을, 가슴을, 손끝까지 잠식하고 있었다. 누가 나를 공격한 것도, 무언가를 지시한 것도 아니었다. 나는 그냥,

내 안에서 무너지고 있었다. 나는 지금까지 단 한 번도 의심하지 않았다. TBS는 공영방송이어야 한다는 것. 그래야만 존재할 수 있다고 믿어왔다. 공적 자금으로 운영되고, 시민의 목소리를 대변하며, 권력으로부터 독립된 미디어. 이 도시엔 그런 방송이 반드시 하나쯤은 있어야 한다고. 그것이 무너지는 순간, 도시는 목소리를 잃고 우리는 역할을 잃는다고 믿었다.

그런데, 6월 1일이면 지원조례는 끝나고, 예산은 완전히 끊긴다. 어쩌면 방송국 문을 닫아야 한다. '폐국'이라는 단어가 현실의 가능성으로 입에 오르내리기 시작했을 때, 나는 처음으로 내 안의 균열을 느꼈다. 정말 공영방송이 아니면 안 되는 걸까? 누군가는 회사를 떠났고, 누군가는 삶 전체가 흔들리고 있었다. 그 모든 고통을 곁에서 지켜보며 나는 자문했다. 내가 이 길을 선택하지 않았다면 조금은 덜 괴로웠을까?

지방선거까지는 2년이 남아 있었다. 그 생각을 하면 막막했다. 무슨 돈으로, 무슨 동력으로, 무슨 희망으로 그 시간을 견디라는 건가? 우리가 만들어왔던 콘텐츠는 대부분 사라졌고, 시민들의 관심도 점점 멀어지고 있었다. 모두가 생존에 집중하고 있었고, '언론의 가치'라는 말은 허공 속의 메아리처럼 느껴졌다.

내 안에서 희망과 회의는 한순간도 떨어져 있지 않았다. 방송국이 살아남을 수만 있다면. 우리가 주파수를 잃지 않을 수만 있다면, 나는 뭐든지 할 수 있을 것 같았다. 그게 공영이든 민영이든, 그 어떤 체계든 상관없이 존재할 수만 있다면. 그 길이 유일하게 열려 있다면. 그 시기, 나는 내 신념을 시험받고 있었고, 내 마음은, 무너지고 있었다.

책임 없는 권력 – 무주공산의 방송국

 2024년 3월, 정태익 대표가 사의를 표명하고 사퇴하면서 TBS는 조직의 중심축을 잃었다. 대표이사직은 공석이 되었고, 이사장도, 서울시도, 이사회도 그 공백을 메우는 데 아무런 책임을 지지 않으려 했다. TBS 내부에서는 서울시 홍보기획관이 직무대행을 맡는 것이 마땅하다는 의견이 강하게 제기되었다. 하지만 홍보기획관은 이 요구를 끝내 거부했다. 2024년 3월 6일 열린 제40차 TBS 이사회에서, 그는 "조례가 폐지된 이후 TBS와 서울시는 아무 관계가 없다"며, 자신이 대표 대행을 맡는 것은 적절하지 않다"고 발언한 것이 복수의 참석자 증언을 통해 확인되었다. 이는 서울시가 사실상 TBS의 법적 종료를 기정사실화하고, 이후의 혼란에 대해 책임지지 않겠다는 태도를 드러낸 순간이었다.

이 발언은 공식 의사록에서 누락되었고, 양대노조가 문제를 제기하자 서울시는 "관련 법령상 출연기관 해제 이후에는 권한이 제한된다"는 설명이었을 뿐이며, 책임 회피성 발언은 아니었다"고 해명했다. 그러나 그것은 본질을 피한 답변이었다.

TBS 양대노조는 이사회에 "TBS를 정리할 대표 직무대행이 아니라, TBS를 살릴 대표를 선임하라"고 강하게 요구했고, 오세훈 서울시장에게는 "이제는 시장이 직접 등판하라"고 촉구했다. 그러나 누구도 전면에 나서지 않았다.

결국 TBS 당연직 이사이자, TBS 주무기관인 서울시 홍보기획관은 대표 직무대행을 맡지 않았고, 서울시는 그 자리에 누구를 보낼 의사도 갖고 있지 않았다. 이사장 역시 뒷걸음질 쳤다. 그는 대표 공석 상황에서 기존 이사 중에서 대행을 호선하는 원칙을 따르지 않고, 대표 대행을 수행할 이사를 선출하는 임원추천위원회를 구성하자고 제안했다. 이는 한 달 이상 시간이 소요되는 절차이며, 리더십 공백이 가장 치명적인 절체절명의 시기에 의도적으로 시간을 끌고 책임을 회피하는 것 아니냐는 의혹을 자초했다. 이처럼 정태익 대표 사퇴 이후의 TBS는 책임지는 사람 없는 조직, 무게 중심이 사라진 채로 출연기관 해제를 향해 표류하는 방송국이 되었다. TBS는 법적 주체로는 아직 서울시 출연기관이었지만, 정치적·행정적 차원에서는 이미 고립되고 있었다. 그 고립의 가장 상징적인 순간이 '대표 없는 방송국', '책임 없는 이사회' 그리고 '침묵하는 서울시'라는 세 가지 장면으로 구현되었다.

7장
방송 사유화의 명암

어느 날 갑자기 방송 경력도 없는 무자격자가 '방송국 사장'이 되었다. 편성권은 흔들렸고, 무급 노동이 강요됐으며, 인사와 운영은 기준 없이 움직였다. 공영방송은 조직이 아니라 '관리 대상'으로 취급됐다. 방송을 사유화하려는 힘과, 그것에 저항하려는 마지막 신념이 충돌하던 시간. 이 장은, 무너지는 가운데 공영방송을 지키기 위한 우리 안의 윤리를 기록한 장이다.

어느 날 갑자기 – 무자격자의 등장

TBS의 경우 대표이사가 사임하면 이사회에서는 기존 이사 중 한 명을 '대표 직무대행'으로 호선해 위기 상황을 관리하는 것이 관행이었다. 그러나 TBS의 이사회는 이 통상적 절차를 무시했다. 내부에서 직무대행을 호선하지 않고, 새로운 외부 이사를 추가로 선임한 뒤, 그 인물을 곧바로 대표 직무대행으로 임명하는 기이한 절차를 밟았다. 그리고 TBS 역사상 두 번째 대표 직무대행이 임명됐다. 이사회는 "정치적 부담이 없는 위기 관리자형 인사", "다양한 행정 경험과 정부 관료 출신으로 여러 인맥이 있는 인물"이라는 명분을 내세웠지만, TBS 구성원들에게 이 인사는 낯설고도 불안했다. 그는 방송 경험이 전무했고, 공영방송 조직 운영에 대한 이해도 없었다.

TBS 구성원들에게 이 인사의 등장은 단지 "새로운 대표가 왔다"는 수준이 아니었다. "서울시가 TBS를 어떻게 다루려는지 의도가 명확해졌다"는 시그널이었다. 정태익 대표는 버티면서도 어떻게 해서든 공영방송의 틀을 유지하려 애썼다. 그러나 새 대표 직무대행은 처음부터 다른 목적을 품고 등장한 인물처럼 보였다. 그를 임명한 방식이 이미 그랬다. 서울시와 이사회는 방송사의 리더십 공백을 위기관리로 수습하기보다, TBS를 정리하거나 재구조화할 인물을 '별도로' 선임해 내려보내는 것에 가까운 결정을 내린 것이었다. 이후 그의 발언과 행보는 그 우려를 명확히 실체화해 갔다. 그는 자신을 소개하며 "TBS를 소비자 정보 마케팅 채널로 전환하고 싶다", "위기 속 조직을 경영혁신으로 회생시킨 이력을 만들고 싶다"고 말했다. 즉, TBS는 공영방송이 아니라, 자신의 커리어를 쌓기 위한 실험장이자 프로젝트 대상으로 여기는 것 같았다. 그 순간, TBS는 방송법이 규정한 '언론'이 아니라, 하향식 브랜딩 실험의 대상 그리고 새로운 경영 스펙을 위한 사례연구의 현장으로 취급되기 시작했다.

공영방송의 문 앞에서 사적인 권력을 세우다

그가 대표 직무대행으로 공식 임명된 직후, 자신의 역할을 '위기 속 조직을 회생시키는 CEO'로 정의했다. 그의 첫 메시지 중 가장 두드러진 부분은 "TBS를 소비자 정보 마케팅 플랫폼으로 만들고 싶다"는 발언이었다. 이는 방송사 운영이 아니라 브랜드 플랫폼 구축, 커머셜 기반 미디어, 기존 언론과는 이질적인 산업적 관점을 전제로 한 접근이었다.

흥미로운 지점은, 당시 대표 직무대행이 민영화에 대해서는 오히려 부정적이거나 회의적인 태도를 보였다는 점이다. 그는 "TBS를 기업에 넘기는 방식의 민영화는 현실적으로 불가능하다"는 인식을 가지고 있었고, 정관상 구조, 법적 지위, 공익법인이라는 한계 등을 잘 알고 있었다. 따라서 그는 "기업을 유치해 지분을 넘기고 경영을 맡긴다"는 민영화 구상에는 거리를 두었다. 그러나 중요한 것은, 그가 민영화를 반대했다는 사실이 공영방송의 원칙을 지키겠다는 의지로 연결되지는 않았다는 점이다. 그는 민영화를 부정했지만, 공영성 역시 무시했다. 그가 말하는 TBS의 미래는 시민의 정보접근권, 방송의 공익성, 언론의 자율성이 아니라 '브랜딩 성공 사례', '경영 성과'로 대체될 수 있는 무엇이었다.

그는 TBS를 시민의 공공자산으로 인식하지 않았고, '관리 대상'이자 '개발 대상', 더 나아가 '실적 대상'으로 간주했다. TBS 구성원들이 기대했던 것은 위기의 방송사를 지켜내려는 사람, 무너지는 제작 시스템을 이해하고 회복시키려는 사람, 방송 독립성을 보장하려는 리더였다. 하지만 당시 대표 직무대행은 그 모든 가치 위에 사적인 목표와 경영 성과 중심의 관점을 세웠다.

무임금 유노동·해고 압박 – 절벽 앞에 선 노동자들

　새 대표 직무대행 체제가 시작된 지 한 달도 되지 않아, TBS 내부에서는 이미 "해고", "체불", "숙청" 같은 말이 구성원들의 입에 오르내리기 시작했다. 그의 취임은 조직에 안정을 가져온 것이 아니라, 불안과 회의만을 가져왔다.
　당시 TBS는 폐지 조례의 실효로 서울시의 출연금은 완전히 끊긴 상황이었다. 남은 운영 잉여금도 바닥이 드러나기 시작했다. 이 절박한 시점에 노동조합은 고통 분담안을 제안했다. 최저임금 기준의 임금 수용, 무급휴직 자청 등 생존을 위한 희생안을 내놓으며 협상을 요청했다. 그러나 그는 아무런 응답을 하지 않았다. 특히 무급휴직 도입에 대해 회의적이었다. 그의 노동관은 70~80년대에 머물렀다. 회사가 이런 위기면 월급 반납하고 전직원이 모두 회사에 나와야 한다는 인식이었다. 무급휴가를 고통분담으로 여기지 않았고 놀고 있는 것으로 간주했다. 따라서 그는 무급휴가를 자청한 이들을 사실상 해고 대상자로 지목했다.

　"이연지급 동의서에 사인하지 않으면 구조조정 명단에 오를 수 있다"는 말을 협박처럼 하고 다녔다. 즉 급여는 일부만 지급하고 나머지는 '추후 수익 발생 시 지급'이라는 조건이 붙은 동의서였다. 이는 법적 책임을 회피하면서, 현실적으로는 무급 노동을 강제하는 방식이었다. 위기관리도, 경영도 아니었다. 이는 권한 밖의 폭력이었고, 자의적 해석에 따른 사적 통치였다.

이미 100명이 넘는 TBS 구성원이 회사를 떠난 상황이었다. 남은 사람들은 그저 버텨보기 위해, 살아남기 위해 자신의 삶을 유예하고 있었다. 하지만 돌아온 건 희생에 대한 존중이 아니었다. "이 기준에 동의하지 않으면 짐 싸라"는 통보였다.

그는 이것이 TBS를 지키기 위한 '대책'이라고 주장했다. 하지만 그 대책이 겨눈 방향은 서울시도, 이사회도, 예산을 끊은 정치권도 아니었다. 정작 겨눠진 대상은 내부 구성원, 그중에서도 가장 약한 고리부터였다. 그는 "구조조정이 아니다"라고 말했지만, 그의 모든 조치가 구조조정 그 자체였다. 법적 보호를 받지 못하는 계약조건 아래 순응을, 생존을 대가로 충성을 요구했다. 그 시점부터 TBS 구성원들은 그를 더 이상 '대표'가 아니라, '심판자'로 보기 시작했다. 그리고 침묵 속에 갇혀 있던 저항의 언어는 점점 선명해지기 시작했다.

편성권 침해에 맞선 PD들

대표 대행 체제가 본격화되며 가장 먼저 무너진 원칙은 편성의 자율성과 독립성이었다. 공영방송에 대한 기본적인 이해조차 없는 인물이 편성에 개입하기 시작한 순간, TBS는 단순한 경영 위기를 넘어, 헌법이 보장한 언론 자유의 최전선에서부터 무너지고 있었다.

그가 대표 직무대행으로서 처음 내린 편성 지시는 영어 FM 채널에 '일본어 방송'을 신설하라는 것이었다. 이 지시 자체도 갑작스럽고 비정상이었지만, 더 큰 문제는 그가 내정한 진행자였다.
그 인물은 보수 성향의 유튜버였고, 국민의힘 위성정당인 '국민의미래'에 비례대표 후보로 공천 신청을 했던 인사였다. 개인 유튜브 채널을 통해 '친일적 역사 해석'을 반복적으로 퍼뜨려온 이력이 있는 인물이었다.

공영방송의 책무를 고려할 때, 이는 도저히 납득할 수 없는 결정이었다. PD들은 즉각 반발했고, 편성위원회 소집을 요구했다. 2024년 7월 3일 열린 회의에서, 편성위원회는 해당 프로그램의 편성 불가를 공식적으로 결정했다. 그럼에도 불구하고 대표 직무대행은 입장을 굽히지 않았다. 그는 "편성 책임자를 교체해서라도 강행하겠다"는 입장을 밝혔다.

이에 대해 TBS PD협회는 즉각 성명을 발표했다.

"대표 개인의 정치적 취향이 방송 편성에 영향을 미쳐서는 안 된다. 편성권 침해는 방송법 위반이며, 제작 자율성을 훼손하는 행위다."

PD협회는 공식 절차 없이 강행된 편성 지시에 대해 조직적인 반대를 선언했고, "이런 요구를 수용할 수 없다면 사퇴하라"는 강경한 입장을 밝혔다. 이는 TBS 역사상 유례없는 내부 반발이었다. 이 순간, 하나의 집단적 합의가 조직 내부에서 작동하고 있었다. 편성권은 누구의 사적 권한이 아니라, 오직 공공성과 책무라는 기준안에서만 정당화될 수 있다는 확고한 인식이었다. TBS는 구조적으로 무너지고 있었지만, 편성의 독립성만큼은 구성원들이 마지막까지 지켜내려 했던 선線이었다. 그 선을 넘으려는 순간, 우리는 더 이상 참지 않았다. 그건 특정 인물에 대한 반발을 넘어 공영방송이 공영방송이기를 포기하지 않으려는 마지막 저항이었다. 우리는 싸웠고, 결국 막아냈다.

무너지는 방송국 안에서

편성권을 장악하려 한, 대표 직무대행은 이제는 사람을 자르고, 직위를 바꾸고, 충성의 대가로 자리를 약속하는 조직권력의 구조까지 장악하기 시작했다. 당시 대표 직무대행 체제의 후반부는 더 이상 공영방송의 위기가 아니었다. 조직 전체가 한 사람의 권한 아래 사유화되는 사태였다. 그 시작은 보복인사였다. 편성권을 문제 삼고 제작 자율성을 주장한 간부가 직위 해제되었고, 회의석상에서 그와 의견을 달리한 부서장은 배제되었다. 그는 스스로를 '경영 책임자'라고 말했지만, 그가 집행한 인사의 기준은 직무가 아니라 태도, 실적이 아니라 충성도였다.

자신을 반대한 인사들에게는 직무를 박탈했고, 충성했다고 판단한 인사들에게는 "고생했으니, 자리를 줄 것"이라 공언했다. 이는 공영방송의 운영이 아니라 기업형 권력자의 자기 보상 체계에 가까웠다. 이때, TBS 내부에서는 "우리가 그동안 지켜온 절차와 기준은 다 사라졌다"는 자조가 번졌다. 정치적으로 해체되던 방송국이 이제는 제도적으로도 무너지고 있었다.

이 시점부터 TBS의 양대 노조는 매일 대외 성명을 발표했고, 제작 현장은 편성 저항의 중심이 되었다. 단체교섭은 더 이상 '조건 협상'의 자리가 아니었다. 그것은 우리가 목격한 진실을 외부에 증언하는 마지막 공론장이 되었다. 무너지는 방송국 안에서도, 우리는 여전히 방송인이었고, 그 정체성을 내려놓지 않았다. 그리고 그것이, TBS가 아직 끝나지 않았다는 증거였다. 결국, 대표 직무대행은 스스로 물러났다.

8장
공영방송 해체의 최종장

"민영화를 검토하겠다" 처음엔 TBS 지원조례 연장을 위한 말이었다. 시간을 벌기 위한 제스처였다. 하지만 그 말은 서서히 TBS의 운명이 되었다. 말이 구조가 되었고, 구조가 현실을 삼켰다. '민영화'는 더 이상 정치의 프레임이 아니라, 조직 내부의 생존 전략이 되었다. 그리고 그 말은, 우리가 지켜야 할 공공성과 맞바꾼 것이었다. 이 장은 그 말 한마디가 어떻게 현실을 바꾸고, 조직의 정체성을 지워갔는지를 기록한다.

조용한 설계자

2024년 6월 1일, TBS 폐지 조례안의 효력이 발생했다. 출연기관으로서의 법적 지위는 여전히 유지되고 있었지만, 지원 조례가 사라지자 서울시가 예산을 지급할 근거도 함께 사라졌다. TBS는 갑작스러운 재정 공백에 직면했고, 운영비를 포함한 대부분의 예산 항목이 중단되었다. 조직은 유지되고 있었지만, 실질적으로는 존립이 위협받는 단계에 접어들고 있었다. 그 무렵, 새로 부임한 대표 직무대행과의 갈등이 본격화되며 조직 내부는 혼란을 겪고 있었다. 무급 노동 강요, 해고 통보, 편성권 침해, 보복인사. 그 모든 파국의 한가운데에 양대노조는 그를 향해 전면 투쟁을 선언했다.

하지만 그 격랑의 중심에서 조용히 조직의 미래를 설계하던 인물은 따로 있었다. 바로 당시 TBS 경영전략본부장이었다. 새 대표 직무대행이 지휘하던 건 오로지 '갈등'이었지만, 경영전략본부장은 조직을 조용히 장악하며, 서울시와의 물밑 소통과 정책 설계를 주도했다. 그는 폐지 조례 연장 실패 이후, 이제 TBS의 해체는 되돌릴 수 없는 흐름이라고 판단했다. 그리고 그 판단 위에서, TBS를 기업이 후원하는 새로운 민영화 모델로써 실행에 옮기기 시작했다.

그 핵심 전략은 정관 변경이었다. 외부 후원을 제도화할 수 있도록, 기존 정관을 바꾸려는 시도였다. 이 모델은 지분 매각이나 인수합병과 같은 전통적 민영화와는 거리가 있었다. 하지만 실질적으로는 공영방송의 원칙을 포기하고, 기업 중심의 시장 구조에 조직을 의존하게 만드는 '우회적 민영화'였다. 이 모델 안에서 더 이상 '공공성'은 존재하지 않았다.

그는 이를 '현실적'이라고 주장했다. 출연금을 다시 받을 수 없는 상황에서 "살아남으려면 후원을 받아야 하고, 후원을 받으려면 구조를 바꿔야 하며, 구조를 바꾸려면 정관을 개정해야 한다"는 논리였다. 폐지 조례 연장을 이끌어내기 위했던 민영화 전략은 이제 경영전략본부장의 손에 '현실적 생존 모델'이라는 이름으로 되살아난 셈이었다.

이번에는 그 누구도 이견을 제기할 수 없었다. 우리의 생존권은 벼랑 끝에 있었고, 제작 환경은 붕괴 직전이었다. 이 길이 현실 가능하다면 받아들여야 한다는 의견이 지배적이었다. 그 누구도 그를 선출하지 않았지만, 그는 TBS의 진짜 운명을 설계하고자 했다.

행안부는 왜 입장을 바꿨을까

2024년 9월 10일, 행정안전부는 TBS를 서울시 출연기관에서 공식 해제한다는 내용의 고시를 발표했다. TBS의 법적 지위와 생존 기반을 뿌리째 흔든 결정이었다. 그리고 무엇보다, 너무도 갑작스럽고 석연치 않았다.

서울시는 폐지 조례안이 적용되고 일주일 후인 6월 8일, TBS에 대한 출연기관 지정 해제를 행안부에 요청했다. 지원조례가 사라졌으니, 출연기관 지위도 정리하자는 명분이었다. 그러나 행안부의 초기 반응은 단호한 거부였다. 2024년 7월 31일, 행안부는 서울시에 공식 공문을 보내 이렇게 밝혔다.

"TBS 정관에 서울시 재정기획관과 홍보기획관이 당연직 이사로 포함되어 있으니 방송통신위원회와 정관상 규정 정비 등의 절차를 진행한 후 출연기관 지정 해제를 재신청하라."

즉, 정관개정이 선행되지 않으면 출연기관 해제는 불가하다는 판단이었다. 그 판단은 타당했다. 왜냐하면 당시 정관은 서울시가 여전히 TBS 경영에 개입할 수 있는 구조였기 때문이다. 그런데, 정확히 한 달여 뒤, 정관개정이 방통위로부터 승인되지도 않은 상태에서 행안부는 TBS의 출연기관 해제를 고시해버렸다. 하지만 「지방자치단체 출자·출연기관 운영에 관한 법률」 제5조는 출연기관의 지정 또는 해제를 고시하려면, 지방자치단체장과 주무기관장과의 '협의'를 반드시 거쳐야 한다고 명시한다. TBS의 경우 지방자치단체장은 서울시장, 주무기관장은 방송통신위원장이었다. 즉, 출연기관 해제를 고시하려면, 서울시와 방통위의 협의가 반드시 전제되어야 했다.

그러나 당시 방통위는 TBS의 정관개정에 대해 미온적인 태도를 유지하고 있었다. 그렇다면, 행안부는 왜 갑자기 입장을 바꿨을까? 정관도 개정되지 않았고, 방통위 협의도 이뤄지지 않았는데, 출연기관 해제를 단행한 이유는 무엇이었을까? 공식적인 설명은 없었다. 하지만 정황은 다음과 같은 추정을 가능케 한다.

이 시기, TBS 내부에서는 경영전략본부가 주도하는 정관개정 ⇨ 기업 후원 유치 ⇨ 민간 생존 모델 전환 전략이 추진 중이었다. 그러나 정관개정을 위해서는 방통위의 승인이 필요했고, 방통위는 정관변경 승인을 부담스러워했다. 이때 정관개정이 간절했던 누군가는 이런 판단을 했을 수 있다. "정관개정을 승인받기 위해서 차라리 출연기관 지위부터 없애자. 서울시의 영향력이 실질적으로 사라지면, 방통위도 더는 승인을 반대할 명분이 약해질 것이다."

즉, 출연기관 해제는 그 자체가 목적이 아니라, 정관개정을 관철하기 위한 '상황 만들기'였을 수 있다. 이를 위해 행안부를 설득했거나, 그런 방향으로 흐름을 유도했을 개연성은 매우 높다.

김경 서울시의회 문화체육관광위원장도 이 점을 지적했다. 그는 서울시와 행안부 간의 절차 진행을 검토한 뒤 이렇게 말했다.

"행안부는 초기에는 정관상 구조 정비 후 재신청하라고 명확히 밝혔는데, 그 이행 여부도 확인하지 않은 채 9월 10일 해제를 강행했다. 이는 명백한 미필적 고의이며, 중대한 행정적 흠결이다."

이에 TBS 구성원들은 「TBS 출연기관 지정해제」의 위법성과 절차상 중대한 하자에 대한 국민감사청구를 준비중이다.

정관개정은 전결사항이 아니다

출연기관 해제가 고시된 직후, 경영전략본부는 즉시 정관개정 승인을 방송통신위원회에 요청했다. 서울시와의 법적 연결이 끊겼으니, 정관상에 남은 서울시장의 임명권이나 서울시 당연직 이사 조항도 실질적으론 의미가 없다고 판단했을 것이다. 정관개정이 그저 법인 내부에서 이사회 의결로 처리할 수 있는 행정 사항이며 방통위가 승인만 해주면 되는 사안으로 간주했을 것이다. 그러나 방통위의 반응은 전혀 달랐다. 2024년 9월 25일과 11월 5일, 방송통신위원회는 TBS의 정관개정 요청을 두 차례나 공식 반려했다. 사유는 분명했다.

> "이번 정관개정은 지배구조 변경에 해당하며, 부서장 전결이 아닌 위원회 심의·의결이 필요한 사항이다."

TBS의 정관개정을 공영방송의 지배구조를 실질적으로 뒤흔들 수 있는 중대한 정책 사안으로 본 것이다. 이 정관개정 시도가 좌초된 건, 단지 행운이 따르지 않아서가 아니다. 예측 가능한 실패였고, 애초부터 무리수였다. 당시 방송통신위원회는 위원장 직무대행 1인 체제로, 위원회 소집도, 의결도 불가능한 상황이었다. 또한 방통위는 정관개정 시 기업 자본 유입과 이사회 개입 가능성을 우려하고 있었고, 실제로 후원 의사를 보인 기업과의 구조적 연계가 방통위 내부에서 문제로 지적되기도 했다.

그럼에도 불구하고 경영전략본부장은 정관개정은 "과장 전결사항"이라는 해석을 내세워 자기 중심의 민영화 모델을 밀어붙였다. 이는 단순한 오판이 아니라, 방송정책의 핵심 원칙을 무시한 자사 편의주의적 전략이었다.

결국 정관개정은 이루어지지 않았다. 출연기관 지위는 사라졌고, 기업 후원을 위한 제도적 통로도 확보되지 않았다. TBS는 공공성도, 민간 자립도 확보하지 못한 채 법적 공백 상태에 빠졌다. 방통위의 구조와 법적 절차, 공영방송의 정체성을 끝까지 고려하지 않은 채 '될 거다'는 확신 하나로 밀고 나간 결과였다. 정관개정은 전결사항이 아니었다. 그 사실은 애초부터 알고 있었어야 했다. 그 판단은 조직 전체를 법적 사각지대로 몰아넣었고, TBS는 더욱 고립되었다.

고립된 방송사, 허락된 것은 아무것도 없었다

TBS 경영전략본부장이 정관을 바꾸려 했던 이유는 단 하나였다. 조직의 생존. 그리고 그 판단은 단순한 전략이 아니라, 제도와 법, 정치가 만들어낸 총체적 방기 속에서 내몰린 선택이었다. 그 시도가 위법 소지를 안고 있었고, 결과적으로 조직의 정체성과 신뢰를 훼손한 것도 부정할 수 없다. 그러나 그 무리한 시도조차, 외부의 지지 없이 완전히 고립된 채 맞이한 절박함에서 비롯되었다는 점을 우리는 직시해야 한다. 이 사태의 본질은 단순한 '판단의 오류'가 아니라, 그 판단이 이루어진 '구조적 조건'에 있다.

당시 TBS는 어떤 방식으로도 생존이 허용되지 않는 방송사였다. 지원조례가 폐지되며, 예산 편성의 법적 근거가 사라졌고 국고 지원은 제도적으로 원천 차단돼 있었으며 상업광고는 허용되어있지 않았다. 후원 유치를 위한 계좌 개설조차 불가능한 상황이었다.

한마디로 말해, TBS는 버려졌다. 재정으로 가는 모든 길이 막혔고, 새로운 진입로조차 허용되지 않은 채, 방송은 계속되어야 했다. 이 절벽 끝에서, 조직은 '정관개정'을 사실상 유일한 출구로 보기 시작했다. 그 시도는 무리수였지만, 동시에 절박한 상황 속에서 유일하게 남은 선택지처럼 보였다.

그 선택이 공공성의 본질을 흥정한 결과였다는 사실을 우리도 안다. 경영전략본부장은 정체성을 유지한 채 버티기보다, 구조를 우회해 살 길을 찾자는 쪽으로 판단했다. 정관을 바꾼다는 건 스스로 공공성을 포기할 수 있는 위험한 문턱을 넘는 일이었다. 하지만 그때, 우리는 어떠한 보호도 받지 못한 채, 공공성과 생존 사이에서 극단의 선택을 고민해야 했던 상황에 내몰려 있었다. 방송사를 살리기 위해서 우리는 무엇이든 해야만 한다고 믿었다. 그리고 우리는 너무 늦게 깨달았다. 공영방송은 생존을 위해 존재하는 것이 아니라, 공공성과 독립성을 지키기 위해 존재해야 한다는 것을.

결국 정관개정은 좌초되었고, 출연기관 해제는 무리하게 고시되었다. 그 사이, TBS는 제도 밖으로 미끄러졌고, 아무도 우리를 붙잡지 않았다. 우리는 처음부터 방치된 존재였고, 구조적으로 쫓겨난 방송사였으며, 그것이야말로 진짜 문제였다.

이제 우리는 다시 공공의 자리로 돌아가기 위해, 가장 먼 길을 돌아가야 하는 현실 앞에 서 있다. 하지만 한 가지는 분명하다. 우리는 결코 다시 고립된 상태로 돌아가선 안 된다. 지금 우리가 돌아봐야 할 것은, 그 무리했던 선택이 아니라, 그 선택밖에 허락되지 않았던 구조다.

나는 왜 한 통의 전화를 후회했는가

2024년 9월, TBS의 재정은 바닥을 드러냈다. 서울시의 출연금은 사라졌고, 방송은 가내수공업처럼 유지되었다. 구성원들은 생계를 위협받고, 조직은 생존을 위한 모든 방법을 찾아 헤맸다. 그때 우리는 절박했다. "TBS 폐국만은 막아야 한다"는 강박 속에서, 법과 제도의 경계를 보지 못했다. 그 시기, 나는 경영전략본부장의 요청으로 김현 의원에게 전화를 걸었다. 정관개정이 가능하도록 방통위와의 논의에 힘을 실어달라는 취지였다. 당시 방통위는 1인 체제로 기능이 정지된 상태였고, 내부에선 "과장 전결로 정관개정이 가능할 것"이라는 판단이 지배적이었다. 김현 의원이라면 길을 열어줄 수도 있지 않을까, 그 가능성 하나에 기대어 나는 전화를 걸었다. 그러나 그 전화는, 내 판단이 얼마나 무모했는지를 정면으로 일깨운 순간이었다.

김현 의원은 단호하게 말했다.

"정관개정은 과장 전결사항이 아닙니다. 지금처럼 기업에 거액의 후원을 받고 기업이 TBS 이사회에 개입하는 구조로 바꾸려 하면, 나중에 그 관련자는 감옥에 갈 수도 있어요."

그 말에 심장이 내려앉았다. 그리고 나는 그제야 깨달았다. 방송법 제8조가 보호하고 있는 지상파 방송사 지배구조의 핵심 원칙을 정면으로 건드리는 일이 될 수도 있다는 사실을. 방송법 제8조(소유제한 등)는 '지상파방송사업자의 지배구조는 사적 이해로부터 독립되어야 한다'는 취지의 법령이 명시되어 있다.

이 말은 곧, 지상파 방송사의 지배구조가 기업 자본이나 정치 권력의 영향에서 자유로워야 한다는 것을 의미한다. 누가 돈을 댔는지가 아니라, 그 돈이 실제로 영향력을 행사하느냐가 문제인 것이다. 우리가 시도했던 정관개정은 기업 후원을 제도화하는 것이었고, 그 기업의 관계자가 이사회에 참여할 가능성도 배제할 수 없었다. 표면적으로는 후원이지만, 실제로는 특정 자본이 방송사의 경영과 편성에 영향을 미치는 길이 열려 있었다. 그건 바로 방송법 제8조가 막으려 했던 '사적 이해의 침투'였고, 지상파 방송사 운영체계 자체를 무너뜨릴 수 있는 위험한 전례였다. 나는 그 통화 전까지도, 정관을 바꾸는 것이 마치 유일한 생존 전략인 것처럼 믿고 있었다. 정관만 바꾸면, 기업 후원이 가능해지고, 그러면 조직을 유지할 수 있다고. 그 판단은 경영전략본부장이 밀어붙였고, 나는 어느 순간, 그 판단의 구도 안에 들어가 있었다. 정치권을 통한 우회 전략은 그때는 가능한 해법처럼 보였지만, 이제는 분명히 안다. 그건 넘지 말아야 할 선을 넘으려는 시도였고,

우리가 지켜야 할 본질을 스스로 훼손하는 일이었다.

그 한 통의 전화는 우리가 어디까지 밀려나 있었는지를 보여주는 장면이다. 그리고 동시에, 우리가 무엇을 지켜야 했는지를 각성하게 만든 계기였다. 정관개정 시도는 정치권 안에서도 공영방송 정체성의 포기로 간주되기 시작했다. 민주당은 TBS에 대한 신뢰를 거두었고 국정감사에서는 해당 시도가 방송법 위반 소지로 거론되었다.

나는 그때, 우리가 내린 선택이 이렇게 결정적인 실책이 될 줄 몰랐다. 그 선택은 생존을 위한 것이었지만, 결과적으로 방송 공공성의 존립기반을 무너뜨리는 선택이었다. 절박함은 면죄부가 되지 못했다. 하지만 이 고백을 단지 후회로 남기고 싶지 않다. 그 시기 우리는 누구도 겪어보지 못한 현실 속에 있었다. 조례가 폐지되고, 출연금이 사라지고, 민영화의 벼랑 끝에 놓인 공영방송. 어떤 매뉴얼도 없이, 절벽 끝에서 길을 찾아야 했다.

내부에선 매일 생존을 논의했고, 외부의 침묵은 우리를 더 조급하게 만들었다. 그러나 이제는 분명히 안다. 생존의 명분은, 때로는 생존 그 자체를 위협할 수 있다는 것을. 정체성을 흔드는 생존은 결국 스스로를 더 깊은 위기로 몰아넣는다는 것을. 그리고 그 선택의 책임은, 그 시기를 함께한 우리 모두의 몫이라는 것을. 나 역시 그 책임에서 도망치지 않으려 한다. 길을 잘못 들었다면, 돌아가는 용기 또한 필요하다.

9장

국정감사 - TBS를 둘러싼 정치의 말들

TBS는 늘 국회의 바깥에 있었다. 행정안전위원회에서는 관심 사안이 아닌 이유로, 과학기술정보방송통신위원회에서는 '지방자치단체가 운영하는 방송사'라는 이유로 TBS를 국정감사 테이블에 올리지 않았다. 그렇게 TBS는 사각지대에 방치됐고, 그 공백 속에서 조용히 말라갔다. 하지만 제22대 국회 과방위와 행안위는 달랐다. 특히 과방위 김현 간사의 추진력과 최민희 위원장의 결단, 두 사람의 협업은 마침내 TBS를 증인의 자리에 세웠다. TBS가 왜 이토록 벼랑 끝에 몰렸는지, 처음으로 공식적인 자리에서 설명할 수 있게 된 것이다. 그날, 많은 말들이 쏟아졌다. 2년 동안 침묵 속에 묻혔던 시간들이 마침내 국정감사장에서 음성으로 바뀌었다. 이번 장은, 그 자리에서 참고인으로 출석한 내가 직접 겪은 질의와 답변의 기록이다.

잘 짜여진 한 편의 연극무대 – 행안위 국감장

서울시청 행정안전위원회 국정감사장의 공기는 무겁고 서늘했다. 나는 약간 늦게 도착했고, 국감장까지 뛰듯 들어가며 헐떡이는 숨을 애써 감췄다. 그러나 자리에 앉자마자, 땀을 닦을 틈도 없이 증인석에 불려 나갔다. 오세훈 서울시장은 조용히 청문대에 앉아 있었다. 국정감사장의 분위기는 묘하게 들떠 있었지만, 그것은 긴장감이 아니라 마치 미리 각본이 짜인 연극의 리허설 같았다. 내가 국정감사장에 도착하기 전의 풍경이다.

국민의힘 의원들은 오세훈 시장에게 질문을 던졌고, 그는 준비된 대답처럼 말을 이어갔다. 의원들은 고개를 끄덕이며 마치 정답을 맞힌 듯 반응했다. 오세훈 시장은 피감기관장이 아니라 정치적 피해자처럼 배려받고 있었고, 의원들은 그의 결정을 '고통스러운 결단', '정치적 유혹을 뿌리친 용기'로 포장하고 있었다. 국민의힘의 한 의원은 질의 초입부터 TBS를 "시민의 혈세로 운영되는 공익적 방송"이라고 전제하며, '전임 시장'을 겨냥해 TBS가 정치적으로 편파적이었고 서울시 출연금이 악용됐다고 주장했다. 질문은 이미 결론을 담고 있었다. 요컨대 "박원순 시장은 언론을 정치 도구로 썼지만, 오세훈 시장은 그것을 끊어냈다"는 프레임이 처음부터 세팅되어 있었다.

국민의힘 의원은 말을 이어갔다.
"TBS를 다시 홍보 수단으로 전 시장처럼 악용할 수 있었지만, 그런 유혹을 뿌리치고 언론을 독립화시키겠다는 길을 선택하신 것으로 알고 있습니다."

언뜻 들으면 오세훈 시장의 도덕적 절제력을 칭송하는 말 같지만, 이 질의는 매우 정교하게 짜인 정치적 서사다. 핵심은 'TBS는 원래 정치적 악용의 도구였고, 이를 오세훈 시장이 바로잡았다'는 구도 설정이다. 여기서 결정적인 상징은 '김어준'이라는 이름이다. 그의 이름 하나에 '편파', '가짜뉴스', '정파성', '세금 낭비' 같은 낙인이 복합적으로 덧씌워져 있다. 그 결과, 이 질의응답은 선언처럼 작동한다. "TBS는 본래 편파적이었다. 시장은 그것을 용기 있게 끊었다." 그러나 정작 빠진 것은 실증적 질문이다.

"방송의 어떤 내용이 편파적이었는가?"
"어떤 지점에서 공영방송의 책무가 위반되었는가?"
"그에 대한 시정 요구나 개선 절차는 있었는가?"

'정책적 책임' 대신 '윤리적 서사'로 모든 문제를 포장하려는 태도. 이는 정치가 가장 자주 쓰는 전형적인 프레임이다. TBS라는 공영방송이 35년 만에 해체 위기에 놓였는데도, 그들의 질의는 어설프고 무책임하기 짝이 없었다. 과연 이들이 만든 '유혹을 참은 용기'라는 서사에 공감할 시민이 있을까? 오세훈 시장의 모든 결정은 처음부터 끝까지 철저한 정치적 계산 위에 있었다. 그는 언제나 외부에 원인을 돌렸고, 자신은 중재자나 유감 표명자처럼 처신했다. 그러나 실질적으로 모든 결정을 내리고 집행한 이는 바로 그 자신이었다. 국민의힘 의원들이 오세훈 시장을 '복수심 없이 인내한 지도자'로 미화하려 애쓰는 사이, 국정감사의 흐름은 점차 더 본질적인 질문으로 이동하고 있었다. 그 중심에 자리한 단어는 "편파성"이었고, 곧이어 등장하는 수치들은 그 단어를 객관화된 논리처럼 보이게 만드는 도구로 동원되기 시작했다.

세금 낭비 프레임 – '24억'의 정체

그날 국감장의 하이라이트는 단연, 이 질문이었다. 물론 국민의힘 의원의 질문이다.

"김어준 씨가 24억 원을 받아 간 게 합당하다고 생각하십니까?"

질문은 단순했지만, 그 안에 숨겨진 전략은 교묘했다. 그는 '공영방송', '세금', '고액 개런티'라는 단어를 나란히 놓음으로써 TBS의 존재 자체를 비도덕적이고 비효율적인 구조로 환원시키고 있었다. 이 프레임의 핵심은 하나였다.

"시민의 세금이 김어준 개인의 호주머니로 들어갔다."

즉, TBS는 공영도, 언론도 아닌 누군가의 돈벌이 수단이라는 이미지. 이 정치적 언어의 교묘함은 실제 예산 구조나 방송 시장의 논리와는 완전히 무관한 매우 감정적인 정치기술이다. 그들이 말하는 24억이란 금액은 6년에 걸쳐 지급된 전체 수익의 합산이며, 라디오 출연뿐 아니라 TV, 유튜브, 행사 등을 포함한 복합적 대가였다. 그러나 국정감사장이라는 정치 무대에서 '24억'은 단 하나의 용도만을 가진다. 그의 수입은 "세금 낭비"라는 이름으로 공적 단두대 위에 올려졌다. 하지만 정작 아무도 묻지 않았다. 그가 벌어들인 사회적 영향력은 얼마였는지. 그가 만든 공론장은 시민에게 어떤 가치를 줬는지. 그 프로그램이 수년간 청취율 1위를 하며 공론장의 한 축을 담당한 사실은 왜 평가 대상이 되지 않는지.

"김어준 씨가 24억 원을 받아 간 게 합당하다고 생각하십니까?"

나는 뜸을 들인 후 이렇게 말했다.

"합당하다고 생각합니다."

국감장은 잠시 술렁였다. 그들은 내가 그 자리에서 쩔쩔매거나 적당히 회피하며 "좀 과했을 수 있다"는 식의 유보적 태도를 취하길 기대했을지도 모른다. 아니면 정반대로, 내가 그 자리를 통해 김어준과 TBS를 동일시하는 모습을 연출하길 바랐을지도 모른다. 하지만 나는 내 생각을 말했다. 그것은 김어준 개인을 위한 변호가 아니라, 공적 역할을 수행한 방송인의 노동 가치, 그리고 공론장의 역할과 가치에 대한 판단에 근거했다. 그리고 이어진 질문은 더욱 기이했다.

"김어준 씨가 많이 받아 갔기 때문에, 다른 직원들의 급여가 줄었다고 생각하지 않습니까?"

이 질문은 정말 실소를 자아낼 만큼 어처구니 없었다. 공영방송의 예산구조를 완전히 무시하고, 기업처럼 단일 예산안에서 출연자와 직원들이 경쟁하는 구도로 상정한 질문이었다. 출연자와 일반 직원의 임금이 동일한 재원에서 직접적으로 연동되지 않으며, 각기 다른 기준으로 책정되는 현실은 무시한 채, 그들은 '김어준이 TBS 직원들의 밥을 뺏어갔다'는 프레임을 만들어내려 했다.

나는 "그런 생각을 해본 적 없다"고 잘라 말했다. 왜냐하면, 그건 단지 생각을 해본 적이 없는 문제가 아니라, 생각할 가치도 없는 질문이었기 때문이다.

그 질문 속에는 두 가지 의도가 숨어 있었다.
첫째, 방송인의 전문성과 노동을 시장이 아닌 감정으로 평가하려는 태도
둘째, 내부 구성원 간 이간질을 조장함으로써 조직 전체를 '탐욕스러운 집단'으로 묘사하는 프레임

나는 그들의 질문이 무지해서 나온 것이 아니라, 의도된 정치적 연출이라는 것을 알고 있다. 그들이 말하고자 했던 건 'TBS는 시민의 혈세를 낭비하는 방송이다'는 명제 하나였고, 그 '낭비의 상징으로 김어준의 개런티가 소환된 것'이었다.

이것은 단지 김어준을 겨냥한 공격이 아니었다. 그것은 TBS 전체의 존재 이유를 지우려는 시도였다. 그들이 원했던 것은 '김어준 퇴출'이 아니라, TBS 존립 자체의 정당성을 붕괴시키는 일이었다.

'나는 안 했다' 프레임의 기술

오세훈 서울시장은 언제나처럼 단정하고 차분한 표정으로 앉아 있었다. 그 표정이 말해주고 있었다. "나는 이미 모든 것을 정리해 뒀습니다" 그는 자신이 TBS 사태의 주인공이 아니라는 듯 행동했다. 자신이 직접 이 사태에 책임이 없는 듯 주장했고, 자신의 의사와 다르게 시의회가 움직였다고 말했다. "방통위의 기능 정지", "시의회의 조례 폐지" 등을 하나하나 꺼내 들며 TBS의 해체가 자신이 아닌, 외부 환경과 구조 탓이라고 설명했다.

그는 TBS사태에 자신의 결정은 없었다는 것을 가장 큰 방어 논리로 삼았다. 하지만 우리는 알고 있다. 오세훈 시장은 이 모든 일의 시작이었다. 2021년 2월, 그는 〈신동아〉 인터뷰에서 "TBS에 예산을 안 줄 수도 있다"고 말했고, 2022년에는 출연금을 대폭 삭감했고, 2023년에는 김만배 녹취록 보도 이후 TBS 감사를 지시했다. 그는 시의회가 조례를 폐지할 때 한 번도 제동을 건 적이 없었으며, 오히려 행안부에 "TBS 출연기관 지정을 해제해달라"는 공문을 두 차례나 보냈다. 그는 마치 책임이 시의회와 정부 기관에만 있는 것처럼 말했다. 하지만 오세훈은 공영방송 TBS를 해체시킨 총책임자였다.

이 지점에서, 국감장은 뜻밖의 반전을 맞는다.

김성회 더불어민주당 의원이 묻는다.

"시장님은 TBS에 대해 복수심이 없다고 자신 있게 말씀하실 수 있습니까?"

오세훈 시장은 어이가 없다며 웃음을 터트렸다. 분위기는 싸늘해졌다.

"복수심이라는 말에 웃음이 나왔습니다."

국정감사장 한복판. 수백 명의 생계가 끊기고, 공적 기능이 멈춘 방송사 앞에서, 그는 웃었다.

그 웃음은 너무나 많은 것을 말해준다. 그는 여전히 TBS 사태의 원인이 자신이 중심이 아니라고 믿고 있었다. 그는 이 사안을 진지한 공적 사안이 아닌, '불필요한 오해의 결과물'쯤으로 간주하고 있었다. 하지만 정말 웃을 수 있는 사안이었을까? TBS가 해체 위기에 몰린 지금, 200여 명의 직원이 6월 이후 급여를 제대로 받지 못하고, 공적 기능은 중단되었으며, 시민들은 신뢰하던 방송을 잃게 된 이 절체절명의 순간에 웃음이 나올 수 있었을까. 그걸 바라보는 수많은 방송노동자들이 피눈물을 흘리고 있다는 걸 안다면 그렇게 웃을 수 있었을까.

우리는 묻지 않을 수 없다. 서울시가 만든 공공기관이 무너지고 있는데, 서울시장은 왜 계속 '내 책임이 아니다'라는 말을 반복하고 있는가? 그럼 도대체 이건 누구의 책임이란 말인가. 정치인은 때로 어려운 결정을 내린다. 하지만 진짜 정치인은, 그 결정에 대해 책임을 지는 사람이다. 오세훈 시장은, 결정을 내리고도 책임을 지지 않았다. 그리고 책임을 회피하기 위해, 다른 이름을 반복해서 호출했다. 그의 주장은 한 가지였다. "나는 안 했다." 그러나 우리 모두는 알고 있다. 그는 했다. 막을 수 있었지만, 막지 않았다. 이것이야말로 가장 위험한 회피의 리더십이다.

"당신의 생각이 전체 의견입니까?"

또 다른 국민의힘 의원이 물었다.
"그건 송지연 지부장 개인 의견입니까, 아니면 전체 구성원의 의견입니까?"
단순한 구조의 질문이었다. 그러나 그 안에는 다섯 겹의 프레임이 교묘하게 숨어 있었다.

- TBS는 정치적으로 편향돼 있다.
- 그 편향의 중심에는 김어준이 있다.
- 송지연은 김어준을 두둔하고 있다.

- 그렇다면 TBS 전체가 그런가?
- 따라서 이 조직은 공영방송의 자격이 없다.

"그건 제 개인적인 의견입니다."

그 외에는 어떤 말도 떠올릴 수 없었다. 하지만, 이 질문은 나의 의견을 묻는 것이 아니었다. 그들은 나를 통해 TBS 전체에 정치적 낙인을 찍기 위한 절차를 진행 중이었다. 나는 '언론노조 간부'라는 이유로 정파적 프레임에 갇혔고, 그들은 내 발언 하나로 TBS 전체가 정치적 의도를 가진 집단이라는 인상을 만들고자 했다. 이 질문은 단순한 확인이 아니라, "이 방송사는 정치 조직이 아니냐"는 이미 내려진 결론을 입증받기 위한 유도였다. 이렇게도 해석된다.

"당신 개인 의견이 아니라 전체 구성원의 의견이라면, TBS는 좌편향된 정치 집단이라는 증거가 된다."

TBS를 공적 미디어가 아니라 좌익 정치세력의 아지트로 상정한 프레임. 말만 바뀌었을 뿐, 본질은 군부시절의 색깔론과 다르지 않았다.

"이 집단은 정치적으로 불순하다. 시민의 세금이 들어가선 안 된다."

나는 그 프레임에 말려들지 않기 위해 방어적으로 말했다. TBS 구성원 전체의 생각을 내가 대표할 수는 없었다. 하지만 그들의 프레임을 정당화하는 답은, 결코 하고 싶지 않았다. 그 자리는 나의 의견을 밝히는 자리가 아니라, 시민의 권리에 대해 질문을 던지는 자리였다. 공영방송이 이렇게 해체 대상이 되어도 되는가. TBS가 아니라 시민의 표현권이 무너지고 있는 것은 아닌가. 그들이 던진 질문은 결국, 존재 이유를 묻는 것이었다. "공정한 방송이냐"는 질문은 사실상 "존재할 자격이 있느냐"는 질문이었다. 그러나 그 자격 심사는 형식적인 검사일 뿐, 이미 결론이 정해진 심문이었고, 판결이었고, 선고였다. 나는 법정에 선 피고인이었고, 그들은 이미 유죄를 확신한 재판관들이었다. 그 순간, 진심이 왜곡될까 두려워 말을 골랐다. 하지만 분명한 건 있다. 나는 그들의 프레임에 동의하지 않았다. 그리고 그 프레임을 완성하는 마지막 단서 또한 주지 않았다. 지금 나는 이렇게 말할 수 있다. 그 질문은 애초에 정당하지 않았다. 그 질문은 낙인을 위한 장치였다.

그들이 진짜 없애고 싶었던 것

그날의 국정감사장에서 가장 많이 들렸던 이름은 바로 '김어준'이었다.

"김어준이 진행한 뉴스공장은 145건의 제재를 받았다"
"공정하지 못했다"
"가짜뉴스 유포였다"
"편파방송이었다"는 문장을 반복했다.

행안위 국감장은 어느덧 김어준 청문회가 되어 있었다. 그리고 급기야 올 것이 왔다.

"김어준이 공정했다고 생각하십니까?"

솔직히, 나는 이 뻔한 질문에 대한 답을 준비하지 못했다. 어떤 답변을 하더라도 불리하게 편집될 수밖에 없는 구조였기에, 그냥 정공법을 택했다.

"공정성은 상대적인 개념입니다. 그리고 저는 김어준의 뉴스공장이 지금의 KBS나 YTN보다 더 편파적이었는지는 잘 모르겠습니다."

그들의 목적은 분명했다. TBS를 걱정하는 것도, 언론의 공공성을 회복하고자 하는 것도 아니었다. 그들은 '김어준'이라는 이름을 유령처럼 호출해, TBS를 공포의 상징으로 만들고 싶어 했다. 이것은 일종의 프레임 전쟁이었다. TBS의 역사, 공영방송으로서의 책무, 재난방송과 교통정보, 수많은 시민들의 일상을 지탱해 온 프로그램들은 단 한 사람의 이름으로 지워지고 있었다. 나는 한 때, 이들이 TBS를 없애고 싶었던 것이 아니라, 김어준을 지우고 싶었던 것이라고 생각했다. 하지만 그가 떠난 뒤에도 계속해서 TBS를 겨냥하는 이 끈질긴 집착을 보며, 나는 다시 묻지 않을 수 없다. 그토록 두려워했던 건 그 사람이었나, 아니면 그가 말하던 진실이었나.

모든 것은 김어준의 혀에서 시작됐다 – 과방위 국감장

2024년 10월 15일 오전 11시 5분. 과학기술정보방송통신위원회 국정감사장에서 국민의힘 초선 의원이 TBS 전 대표 직무대행에게 질의를 던졌다.

"저는 TBS 논란이 김어준의 혀에서 시작됐다고 생각합니다. 그렇게 허위 녹취 보도를 방송한 김어준 씨에게, TBS는 얼마씩 출연료를 줬습니까?"

전임 TBS 대표 직무대행은 차분한 목소리로 답했다.

"제가 들은 바로는 1회당 200만 원 정도였던 것으로 알고 있습니다."

질문은 이어졌다.

"총지급액이 24억 원 정도 된다는 보도도 있는데, 맞습니까?"

"그렇게 보고받았습니다."

아주 자연스럽게, '김어준 24억' 프레임이 확정되었다. 그리고 그 프레임은, 그날 오전 내내 국감장의 공기를 지배했다. 누구도 출연료 책정 과정의 정당성이나 방송사의 수익 구조, 공영방송의 브랜드 가치를 언급하지 않았다. 오직 "그 정도 돈을 줄 수 있냐, 합당하냐"는 추궁만이 반복됐다. 오전 질의가 끝나고 휴정이 되는 그 짧은 시간, 속보가 쏟아졌다.

"김어준 24억 받아 가… TBS는 세금으로 출연료 퍼줘"
"TBS 파국의 원인, 김어준 200만 원짜리 혀?"
"국감장에서 드러난 TBS의 충격적 실상"

우리는 아직 아무 말도 하지 못했는데, 이미 보도는 끝나 있었다. TBS의 파국은 편파 방송도, 정치적 이유도 아닌 김어준의 고액 출연료 때문이라는 서사가 오전 국감장에서 완성되고, 기사로 증폭된 것이다.

그리고 나는 그 사실에 말할 수 없이 분노했다. 왜냐하면 그것은 우리가 싸워야 할 문제의 본질이 아니었기 때문이다. TBS의 존재 이유, 공익적 기능, 공영방송으로서의 역사와 가치는 철저히 외면한 채, "김어준이 돈을 많이 받아 갔기 때문에 TBS는 무너졌다"는 프레임이 언론에 퍼지고, 그날 오후까지 이어진 질의에서도 마치 시작점이자 결론처럼 반복되었다. 우리의 반론은 허공에 흩어졌고, 사실관계를 설명할 기회를 가지기도 전에, "24억"이라는 수치가 모든 것을 결정해 버리는 상황을 견뎌야 했다. TBS 사태를 '김어준'의 고액 출연료로 축소시키는 서사. 그 단순하고 자극적인 구도는 TBS의 정체성과 존재 가치를 지워내기 위해 정교하게 설계된 서사였다.

"TBS는 누구의 것인가" – 방송의 주권에 대한 질문

늦은 오후로 접어드는 시간,
더불어민주당 이정헌 의원은 조용하지만 단호하게 물었다.

"서울특별시 미디어재단 TBS는 누구의 것입니까?"

질문을 받은 이는 이정환 TBS노동조합 위원장이었다.

그의 대답은 짧고도 명료했다.

"서울시민의 것이라고 생각합니다."

그 짧은 문장 하나가 그날 국정감사 전체를 통틀어 가장 깊은 울림을 남겼다.

"TBS는 누구의 것인가."

이 질문은 단순히 TBS의 법적 소속이나 지분 구조를 묻는 것이 아니었다. 그것은 '공영방송'이라는 제도가 민주사회에서 어떤 책임을 지는가에 대한 본질적인 질문이었다.

우리는 누구를 위해 방송하는가.

누구를 대표해 말하는가.

누구의 감시와 비판을 견디며 존재해야 하는가.

바로 그 질문이었다. 만약 TBS가 서울시장의 것이라면, 정권이 바뀔 때마다 방송은 정리될 수 있는 존재가 된다. 시민의 것이 아니라고 말하는 순간, 공영방송은 정파의 기호에 따라 생존이 결정되는 정치적 장난감이 되어버린다. 바로 그 지점을 이정헌 의원은 정확히 확인해 줬다. 오세훈 시장은 TBS를 행정 권한으로 처리할 수 있는 대상이라 여겼지만, 그에 대한 가장 강력한 반박은 단 하나였다.

"당신에겐 그럴 권한이 없습니다. 왜냐하면, TBS는 당신 것이 아니니까요."

'TBS는 시민의 것이다'라는 말은 정치적 수사가 아니다. 그것은 공영방송의 정체성을 지키기 위한 민주적 선언이다. 공영방송은 시민을 위한 것이며, 시민의 신뢰 속에서 존재하고, 권력의 기호에 따라 생존 여부가 결정되어선 안 된다. 이정헌 의원이 던진 질문은 TBS만을 향한 것이 아니었다. 그는 사실상 이 시대 전체 공영방송을 향해 되묻고 있었다. KBS, MBC, YTN 그리고 우리가 지키려는 공론장 전체에 던진 질문이었다.

"TBS는 시민의 것입니다."

그 한 문장은 TBS라는 작은 방송사의 존엄을 지켜내기 위한 최후의 외침이었다.

'미친' 이란 단어가 국감장에서 나왔다

더불어민주당 이정헌 의원이 물었다.

"서울시 국민의힘 의원들이 말하길, '시민의 명령'에 따라 TBS를 없애는 것이라던데, 그 주장에 동의하십니까?"

나는 들숨과 날숨 사이, 한 치의 침묵도 없이 말했다.

"저는 그 주장이 굉장히 오만하고 저급하다고 생각합니다. 만약 그 논리를 받아들인다면, 대한민국에서 살아남을 수 있는 방송사가 얼마나 되겠습니까? 그리고 그 논리대로라면, 지난 4월 총선에서 서울에서 더 많은 표를 받은 건 민주당입니다. 그렇다면, 그 논리대로라면 지금 이 미친…과정을 멈춰야 되는 거 아닙니까?"

정확히 말하면, 너무 오랫동안 내 머릿속에 고여 있던 말이었다. '이 미친 과정'-그건 사태 전반에 깔린 비정상, 책임 회피, 정치적 계산 그리고 거짓의 언어들. 그 모든 것을 압축해, 내 마음이 가장 먼저 꺼내든 단어였다. 그리고 곧 알게 됐다. 그 말은 내 분노에만 머물지 않았다는 것을. 그 한마디에 담긴 무언의 진실을,

많은 사람들이 기다리고 있었다는 것을.

그 장면은 누군가에 의해 유튜브 쇼츠로 만들어졌다. 단 1분짜리 영상은 삽시간에 퍼졌고, 120만 뷰를 기록하며 수천 개의 댓글이 달렸다.

"속이 다 시원했다", "내가 하고 싶던 말이다"

모두가 그 말 '이 미친'에 반응했다. 그 쇼츠 하나로, 연락이 끊겼던 사람들에게서 문자와 전화가 쏟아졌다. 나는 그 말이 무심코 튀어나온 건지, 아니면 마음 깊은 곳에서 올라온 의도된 언어였는지 지금도 정확히 모르겠다. 하지만 왜 사람들은 '미친'이라는 단어에 열광했는지 그 이유는 분명히 알 수 있었다.

① 단어 하나에 응축된 시대 진단

"미친"이라는 단어는 단지 감정의 분출이 아니라, 이성으로는 설명되지 않는 사회의 부조리를 직관적으로 표현한 말이다. 시민들은 알고 있었다. 방송사 하나가 사라지는 데 어떤 민주적 절차도 없었고, 누구도 책임지지 않으며, 모든 것이 정치적 정리 수순처럼 흘러가는 이 상황을. 하지만 이를 설명하려면 너무 많은 문장이 필요했다. 그런데 단어 하나로, 모두가 품고 있던 그 감정을 요약했다. "이 미친…" 그 미묘한 멈춤 속에서 사람들은 더 큰 언어적 해방감을 느꼈다.

② 감정을 해방시키는 '금기어'의 역전

"미친"이라는 단어는 보통 공적인 자리에서 삼가야 할 말이다. 그러나 바로 그렇기 때문에 그것이 공공의 장에서 터졌을 때 사람들은 오히려 억눌려 있던 감정을 대리 해소할 수 있었다. 특히 국정감사라는 가장 제도화된 권위의 공간에서, 한 개인이 끝까지 절제하며 참아온 말을 마침내 꺼냈다는 사실은 시민들에게 정서적 정당성을 부여했다. 그 순간, '미친'은 저속한 언어가 아니라 정확하고 진실한 현실 묘사가 되었다. 억눌린 시민 감정의 대리 언어, 모두가 마음속에서 삼켰던 말의 공적 해방이었다.

③ 멈칫한 그 순간 : 자기검열의 침묵

"이 미친… 과정" 그 사이, 그 1초의 침묵은 모든 것을 말하고 있었다. 그건 망설임이 아니라 검열이었다. 그 말이 갖는 무게, 사회적 함의를 내가 충분히 알고 있었다는 증거였다. 하지만 그 검열을 넘어서 말한 그 한마디는, 수많은 사람들의 머릿속에 있던 말들을 대신 터뜨렸다.

"이 미친 정권"
"이 미친 현실"
"이 미친 언론 탄압"

그 말은 곧 공동의 자각이 되었다.

우리 사회는 정말로 이 말이 필요했다.

'정쟁'이라는 말의 불온함

어쩌면 이 책을 쓴 이유의 3할은 그날의 한마디를 만회하고 싶어서였는지도 모른다. 나는 국정감사장에서 끝까지 흔들리지 않으려 했다. 정치적 비난, 비열한 프레임, 말도 안 되는 질문 앞에서도 흔들리지 않으려 했다. 싸우되 품위 있게, 방어하되 냉정하게, 진실을 잃지 않으려, 그렇게 버텼다. 하지만 내 입에서 나온 마지막 한마디가 국감장 안을 싸늘하게 만들었다.

"TBS를 정쟁에 휘말리게 하지 말아달라."

그 말은 우리가 늘 싸워온 바로 그 프레임의 언어였고, 우리를 위해 발언해 주었던 이들의 정당함마저 무력하게 만드는 말이었다. 과방위원장이 분노한 이유를, 나는 그날 밤에야 온전히 이해할 수 있었다.

나는 아직도, 그 장면을 제대로 마주하지 못한다. 나의 화살은 늘 분노의 대상에 정조준되어 있었고 그날 밤의 말은 명백한 실수였다. 정쟁이란 단어는, 우리의 싸움을 아무 의미 없는 정치적 소란으로 격하시킨다. 그 단어 하나로 우리는 '양쪽 다 문제'라는 프레임 안에 가둬지고, 시민들은 진실을 가려보려는 시도조차 할 수 없게 된다. 하지만 우리가 마주하고 있는 것은 결코 양비론으로 처리할 수 없는 사안이다. 확실한 가해자가 존재하는 언론 탄압, 그것이 TBS 현실이었다. TBS의 해체는 한낱 '정치적 논쟁'이 아니라, 공영방송의 존립을 위협하고 민주주의의 근간을 뒤흔든 윤석열 정권과 오세훈 서울시의 명백한 폭력이었다.

그 싸움의 본질을 흐리는 단어를, 나는 감히 꺼내서는 안 됐다. 그 말은 명백한 내 실수였고, 결코 TBS 구성원들의 뜻이 아니었다. 그날, 나는 끝까지 버텼지만—마지막 한마디에서 무너졌다. 그리고 이제, 그 무너짐의 의미를 끝까지 책임지고 싶다. 내가 그토록 지키고 싶었던 진실이, 흐릿해지는 일이 두 번 다시 없도록.

10장
법을 피한 자, 법을 붙든 자

출연기관 해제 이후, TBS에 남겨진 마지막 제도적 길은 단 하나였다. 바로, 그 해제 결정의 정당성을 법정에서 묻는 것. 이 싸움은 단순한 생존 전략을 넘어선 존재의 정당성을 회복하기 위한 헌법적 권리 행사였다. 그러나 그 길은, 안에서부터 막혔다.

단 하나의 탈출구가 봉쇄됐다

2024년 9월 10일.

행정안전부는 고시를 통해 TBS를 서울시 출연기관 목록에서 제외했다. TBS 조례 폐지에 이은 최후의 조치였다. 법적으로, 제도적으로, 우리는 '공영방송'이 아닌 민영재단이 되었다. 그러나 그 순간에도 하나의 통로는 남아 있었다. 그 고시의 정당성을 법정에서 묻는 일이다. 이른바 '서울시 출자출연기관 지정해제 고시 취소 가처분 소송'. 이 싸움은 생존 전략을 넘어, 존재의 정당성을 지키기 위한 마지막 헌법적 권리 행사였다. 출연기관 해제 직후, 당시 대표 직무대리였던 라디오제작본부장은 내게 전화를 걸어 말했다.

"노조가 행정소송을 요청하는 공문을 보내달라."

나는 그 말에서 소송의 분명한 의지를 읽었고, 안도했다. 동시에, 경영진이 여전히 서울시의 눈치를 보고 있다는 사실도 알았다. 그 판단 아래, 나는 재단법인이 소송을 포기할 가능성까지 고려하며 공익소송 경로를 사전에 준비해 두기로 결심했다.

민변 언론위원회 위원장을 접촉했고, 민변 소속 다수의 변호사가 수 주간 이 사건에 매달렸다. 전략을 다듬고, 논리를 설계하고, 머리를 맞댄 끝에 마침내 소장의 초안이 완성됐다. 민변 내부에서도 이 소송은 단지 TBS만의 문제가 아니라고 판단했다. 한국 언론 구조 전체에 중대한 선례가 될 사건이라 평가했다. 명분도 실리도 모두 갖춰졌다. 우리에게 남은 건 단 하나, '직인'뿐이었다.

하지만 당시 대표 직무대리는 우리 측 변호사와의 만남을 차일피일 미뤘다. 나는 불안해지기 시작했다. 이러다 또 재단이 소송을 포기하는 건 아닐까.

12월 4일.

나는 회사 내부망에 게시글을 올렸다. 노조 지부장으로서 경영진에게 보내는 경고의 글이었다.

"행정소송을 하지 않겠다면 그 자리에 있을 필요 없습니다."
"우리를 이렇게 만든 자의 심기를 건드리는 것이 두려워 소송을 포기한다면, 더 이상 그 자리에 있어서는 안 된다고 생각합니다."

그건 격한 언사가 아니라, 조직이 끝까지 붙잡아야 할 기준에 대한 마지막 통첩이었다. 그날 나는 이렇게도 적었다.

"우리는 살기 위해 정말 많은 것을 했지만, 정말 필요하고, 해야 할 일은 하지 않았습니다."

"출연기관 지정해제 취소 소송의 포기는 당장 받을 수 있는 출연금뿐만 아니라 미래 시점에 우리가 받을 수 있는 공적 지원의 가능성까지 닫는 일입니다. 그 가능성을 왜 포기해야 합니까."

이 글이 올라오자, 경영전략본부장은 곧 자신의 입장을 밝혔다. 요지는 이랬다.

- 출연기관으로 돌아가도 조례가 없어 출연금을 받을 수 없다.
- 서울시가 출연기관 복귀에 반대하고 있다.
- 기부금 유치를 위해 출연기관 지위를 포기한 것은 불가피한 결정이었다.
- 이사장과 이사회도 소송에 부정적이었다.

그러나 그의 주장은 곳곳에서 치명적인 모순을 드러냈다.

첫째, 이 소송의 피고는 서울시가 아니라 행정안전부다. 서울시는 단지 출연기관 해제를 요청한 주체일 뿐, 해제를 고시한 실질적 행정 행위자는 행안부다. 그런데 그는 "서울시가 반대하니까 소송을 할 수 없다"고 주장하며 직인을 거부했다. 이는 절차의 구조를 의도적으로 왜곡한 논리다. 게다가, TBS를 출연기관에서 해제해 달라고 요청한 당사자인 서울시가 그 해제를 되돌리기 위한 소송을 찬성할 리는 없다는 사실은 그 스스로도 잘 알고 있었을 것이다. 그럼에도 불구하고 그는 '반대할 수밖에 없는 주체의 반대'를 핑계 삼아 법적 책임을 회피했다.

둘째, 그는 '이사회도 부정적이었다'고 주장했지만, 사실과 다르다. 사측은 이 사안을 이사회에 안건으로 올린 적이 없다. 공식적인 논의도, 표결도, 결의도 없었다. 그럼에도 그는 어떤 근거로 '이사회의 반대'를 이야기하는가? 조직 내부의 총의를 묻는 절차를 생략하고, 존재하지도 않은 반대를 인용하며 결정을 자기 손에서 멀어지게 만든 것이다.

셋째, 그는 "실익이 없다"고 단언했지만, 그 판단의 근거조차 제시하지 않았다. 소송을 제기했을 경우와 하지 않았을 경우, 각각의 비용과 기대 효과를 비교하는 최소한의 분석조차 없었다. 노동조합이 요청한 실익 검토 보고서도 끝내 작성되지 않았다. 그는 설명 없이 판단했고, 검토 없이 결론을 내렸다. 보고서 한 장 없이 조직 전체의 법적 권리를 차단한 것이다.

12월 5일.

경영전략본부장의 진의가 파악되고 양대노조가 집요하게 행정소송을 요구하고 나서자, 당시 대표대리는 전 직원 투표를 제안했다. 양대노조는 이에 응했다. 투표는 빠르게 진행되었다. 전체 직원의 79%가 투표에 참여했고, 그중 74%가 소송을 찬성했다. 우리는 사측과 이사회 소집과 함께 소송을 진행할 것을 공문을 통해 요청했다. 그러나 소송 하루 전날, 대표대리는 돌연 자신의 직을 내려놓았고, 직인을 쥔 권한은 경영전략본부장에게 넘어갔다.

12월 10일. 제소 기한 마지막 날.

TBS 양대노조는 행정소송 압박을 위한 장내 피켓시위를 열었다. 오전 10시, 3층 경영전략본부 사무실 앞에 구성원들이 모였다. 그러나 그날, 사무실은 텅 비어 있었다. 직인을 찍을 수 있는 사람은 아무도 나오지 않았다. 우리는 테이블 앞에 앉아 전화를 걸고, 또 걸었다. 수십 통의 연락을 남겼다. 설득했고, 설명했고, 호소했고, 때로는 소리쳤다. 그러나 끝내, 직인은 찍히지 않았다.

그날 우리는 할 수 있는 모든 것을 했다. 소장에 직인을 찍기 위해, 이 싸움을 조직이 외면하지 않게 만들기 위해. 그러나 결국, 소득은 아무것도 없었다. 나는 지친 몸을 이끌고 집으로 돌아왔다. 그러나 마음은 끝까지 포기가 되지 않았다. 소송 마감 몇 시간 전, 이 순간이 지나면 이제 모든 것이 끝난다. 너무 간절했던 나는 다시 변호사에게 전화를 걸어 재차 확인했다.

"직인이 없으면, 정말 이 소송은 불가능한가요?"
"재단이 하는 소송은… 포기해야 할 것 같습니다."

나는 침대에 엎드려 엉엉 울었다. 최근 몇 년간 단 한 번도 그렇게 울어본 적이 없었다. 지난 3년간, 그 무엇도 우리 스스로 바꿀 수 있는 것은 없었다. 대부분은 외부 권력이 만든 결정이었다. 하지만 이 소송만큼은, 우리가 할 수 있었다.

우리는 선택할 수 있었고,
우리는 준비되어 있었고,
우리는 실행할 수 있었다.

결국 재단이 포기한 법적 대응은 TBS 양대노조가 직접 소송을 제기하며 다시 법정에 서게 만들었다. 그러나 그 싸움은 여전히 하나의 질문을 남긴다. 법을 피한 자와 법을 붙든 자, 누가 진정 TBS를 지키려 했는가.

TBS에 소통령은 필요 없다

행정소송이 무산된 다음 날, 전국언론노동조합 TBS지부는 성명을 발표했다. 제목은 〈TBS에 소통령은 필요 없다〉. 소통령이라는 표현은 '공식적으로는 대표도 이사장도 아니었지만, 실질적으로는 모든 판단을 독점하고 절차적 승인도 받지 않은 채 결정을 내린 사람', 즉 경영전략본부장을 비유한 말이었다. 그는 최종적으로 직인을 쥐고 있었고, 그 직인은 공영방송의 법적 정당성을 복원할 마지막 기회의 문을 여는 열쇠였다. 그러나 그 열쇠는 끝내 사용되지 않았다.

그럼, 그는 왜 이 소송을 저지하였는가. 실익이 없다는 것은 표면적인 이유다. 그는 출연기관 해제를 실무적으로 기획하고 서울시와의 조율을 맡았던 중심인물이었다. 정관개정을 위해 서울시를 설득했고, 행정안전부의 해제고시를 바랐던 사람이다. 따라서 자신이 만든 구조의 정당성을 법정에서 검증받는 상황을, 그는 스스로 받아들일 수 없었던 것일지 모른다.

그 한 사람의 판단으로, 우리는 공영방송의 마지막 권리를 잃었다. 서울시의 출연기관 해제는 되돌릴 수 없는 일이 되었고, 그 피해는 조직 전체가 떠안게 되었다. 양대노조가 TBS 재단 대신 이 소송을 진행하고 있지만 결과는 장담할 수 없다.

같은 날, 경영전략본부장은 내부망에 장문의 해명글을 올렸다. 서울시는 부정적인 반응을 보이고 이사장이 소송을 명확히 허락하지 않은 상태에서 본인은 절차에 충실하게 판단했다는 것이었다. 그러나 그가 말한 '절차'라는 것은 이사장에게 전화를 걸어 의사를 물어보고 서울시 실무자와 통화해 분위기를 파악하고, 이사회에는 정식 안건도 없이 묵시적 공감을 기대한 비공식적이고 사적인 교섭과 단독 판단에 불과했다. 조직의 총의를 무력화하고, 절차 없는 통화와 결재 없는 결단으로, 공영방송의 마지막 문을 스스로 닫았다. 그는 당시 선출된 권력이 아니었고, 위임된 권한도 없었으며, 절차적 통제를 받지도 않았다. 그러나 그는 결정했고, 결과는 누구도 되돌릴 수 없었다. 그 해명글에서 그는 또 다른 말을 꺼냈다. 그날 직인을 촉구하기 위해 실무 책임자와 통화하면서 사용했던 단어들을 언급하며, 나를 지목했다. 그가 문제 삼은 단어는 "부역자", "폭로", "녹음" 등이었다. 그리고 이렇게 적었다.

"자기가 옳다고 믿는 일이 뜻대로 안 되었을 때 화가 나는 일은 인지상정입니다. 하지만 그 화풀이의 방향이 사실관계를 왜곡하여 특정인을 맹목적으로 비난해야 하는 일이어야 하는지, 또 저런 언행이 바람직하고 또 용인할 만한 것인지는 사내 여러 구성원께서 판단해 보시기 바랍니다."

그는 나를 '감정적인 사람', '뜻대로 일이 안 되자 흥분하는 사람'으로 묘사했다. 내가 그날 상당히 격앙돼 있던 것은 사실이다. 하지만 그건 정당한 분노였다. 지난 수개월 준비한 싸움이, 수백 명의 구성원이 동의한 싸움이 단 한 사람의 판단으로 무산된 데 대한 절망이자 분노였다. 지금 다시 그 시간으로 돌아간다 해도 나는 똑같이 했을 것이다. 이 분노는 결코 사그라들지 않을 것이다.

조직은 어떻게 한 사람에게 포획되는가

TBS는 서울시 출연기관에서 해제된 이후에도 스스로 주체가 되지 못했다. 그 주체성은 곧 한 사람의 '목표 중심 서사'로 대체되었다. 그는 조직 전체의 방향을 오직 하나의 목표로 수렴했다. 겉으로는 'TBS를 살려야 한다'는 명분이 있었지만, 실질적인 목적은 명확했다-외부 자금 유치를 통한 생존 전략. 어느 시점부터 그의 머릿속을 채운 건 오직 하나였다. TBS에 우선협상권을 가진 민간 기업이 투입할 수 있다고 알려진 약 200억 원의 거액 자금을 TBS에 후원하도록 만드는 것. 하지만 누차 말하지만, 이는 애초부터 그림의 떡이었다. 그리고 그 떡을 먹을 수 있다고 믿은 자는, 그 자금을 유치하기 위해 지난 1년 동안 조직의 모든 방향을 그 목표에 맞춰 재편했다. 그가 전략을 현실화하기 위해 선택한 조건은 명확했다.

출연기관은 해제되어야 했고,
정관은 개정되어야 했으며,
소송은 보류되어야 했고,
논쟁은 최소화되어야 했다.

그건 단 한 사람의 의지였다. 한때 그 미지의 길은 가능한 것처럼 보였다. 하지만 애초부터 실현 가능성은 낮았고, 이후 벌어진 정치적 상황은 그 길을 더욱 불가능하게 만들었다. 그럼에도 그는 그 계획을 포기하지 않았다.

TBS를 살릴 수 있다면 오직 그가 설계한 방식으로여야 한다는, '자기 중심성'에 대한 확신이 있었다. 그리고 그 확신은 다른 해석이나 다른 가능성조차 방해가 되는 것처럼 보였다. 그 무효한 전략은 그렇게 조직의 현실로 유지되었다. 행정소송이 끝내 법인 명의로 무산된 이후, 개인적으로도 그 후유증은 오래도록 상처로 남았다. 그리고 한 가지 질문에 계속 붙들렸다.

'조직은 어떻게 한 사람에게 포획되는가?'
그리고 하나의 결론에 도달했다. 우리는 그에게 포획당한 것이 아니라, 그를 허용한 것이다. 그는 외부 권력이 아니었다. 우리 내부의 빈틈에서 자라난 존재였다. 정치적 탄압 이후, "누군가는 책임져야 한다"는 기대와 "나는 책임지고 싶지 않다"는 회피가 뒤엉킨 공간 속에서 조직은 '행동하는 소수'에게 결정권을 넘기고 말았다. 그가 권력을 쥔 것이 아니라, 모두가 그에게 권력을 '내려놓은' 것이었다.

조직은 이렇게 포획된다.
- 책임 없는 다수
- 견제 없는 독주
- 질문 없는 합의

이 세 가지가 만들어낸 결정은, 모두를 위한 것이 아닌, 한 사람의 서사에 구조를 내어준 선택이었다. TBS의 해체는 외부의 공격에서 시작됐지만, 재편은 내부의 무기력에서 완성됐다. 그리고 우리는 그 장면을, '소송 직인거부'라는 단 하나의 결정으로 목격했다. 아무도 결정하지 않았고 그것이 결국 '조직의 결정'이 되었다.

조직이 해체되는 방식은 다양하다. 하지만 가장 잔인한 해체는, 한 사람의 서사를 위해 모두가 자신의 서사를 멈추는 방식이다.

결과와 상관없이 기록해야 할 진실

재단이 침묵한 자리에, 또다시 구성원이 법정에 선다. 이 소송은 단지 한 조직의 생존 문제가 아니라, 제도의 회복을 위한 정당한 저항이자 공영방송 해체라는 정치적 판단에 대한 법적 반론이다. 우리는 서울시와 행정안전부 등 행정기관의 결정에 동의할 수 없다. 그 결정은 공영방송의 근간을 파괴했고, 조직의 존속 기반을 지우는 절차였다. 그리고 그 책임은 단지 행정의 이름으로 포장될 수 없는 것들이다.

나는 이 소송이 원고 적격성 문제로 각하될 가능성이 높다는 걸 알고 있다. 그럼에도 불구하고 싸우려 했던 이유는 단 하나, 우리가 침묵하지 않았다는 증거를 남기기 위해서다. 그리고 책임을 끝까지 묻겠다는 의지를 증명해 보이기 위해서다.

그리고 이 소송을 막은 자들을, 결코 용서할 수 없다.

이것은 '배임'이다.

이 소송은 단순한 상징이 아닌, 예산과 법적 지위를 회복할 수 있는 유일하고도 실질적인 경로였다. 그 효과는 단순한 행정 판단을 넘는다. 해제 고시가 무효화된다면, TBS는 법적·제도적 지위 회복과 더불어, 서울시·행정안전부를 상대로 한 손해배상청구소송도 가능해진다. 그 액수는 최대 수백억 원에 이를 수 있으며, 현실적으로도 최소 300억 원 가치의 예산 손실 복구가 걸린 문제였다. 그런데 경영전략본부장은 이 권리 행사의 기회를, 구성원의 동의와 요구에도 불구하고, 독단적으로 차단했다. 그는 "실익이 없다"는 한마디로 조직의 이익을 대리하지 않고, 오히려 조직이 가질 수 있었던 명백한 법적·재정적 권리를 포기하게 만들었다. 상법상 배임은 '타인의 사무를 처리하는 자가 그 임무를 위배하는 행위로써 재산상 손해를 가한 경우'에 성립한다. 이 경우, 경영전략본부장은 재단의 실무 책임자로서 명백한 임무가 있었고, 재단의 법적 권리를 행사하지 못하게 함으로써 조직에 중대한 재산상 손실을 초래했다. 공익소송 경로가 열려 있었고, 법률적 준비가 완료된 상황에서, 이 결정은 단순한 행정 판단이 아니라, 재단의 재산 보호 의무를 고의로 방기한 행위였다. 그는 조직의 자산을 지키지 않았다. 그는 그 자산의 회복 가능성마저 차단했다. 이것은 판단의 문제가 아니라, 책임을 위반한 결정이며, 손해를 유발한 행위였다.

이것은 '직무유기'다.

TBS 구성원들은 조례 폐지 이후, 전 직원 투표와 노조의 공문 요청과 법률 자문 확보 등 소송을 위한 모든 내부 절차를 완료했다. 공식 요청이 있었고, 소송의 실무적 준비도 완료되었으며, 남은 것은 '직인'뿐이었다. 그러나 경영전략본부장은 '실익이 없다'는 단 한 마디로 그 모든 과정을 막았다. 그런데 그 판단에는 어떠한 법률 검토도, 공식 보고서도, 구성원을 향한 설명도 없었다. 정당한 요청을, 정당한 근거 없이, 오직 개인의 판단으로 무시한 것이다. 법률상 '직무유기'는 직무상 의무가 있음에도 불구하고 이를 고의로 방기할 때 성립한다. 이 경우, 구성원의 공식 요청이 있었고, 그 판단이 조직의 법적 지위와 생존에 직접적 영향을 주는 사안이었다는 점에서, 경영전략본부장은 명백한 직무상 책임이 있었다. 그럼에도 그는 그 책임을 다하지 않았고, 그 결과, TBS는 법정에서 자신을 변호할 기회를 박탈당했고, 행정안전부는 아무런 법적 검증 없이 출연기관 해제를 완료할 수 있게 되었다. 이 책임은 우발적 판단이 아닌, 책임 회피의 결정이었다.

이것은 '해사행위'다.

정확히 말해, 조직의 존속 가능성을 내부에서 의도적으로 차단한 결정이었다. 경영전략본부장은 서울시와 TBS 사이의 법적 연결고리를 끊는 '출연기관 해제'를 실무적으로 주도했다. 그리고 그 이후, 그 결정을 되돌릴 수 있는 유일한 법적 통로였던 행정소송조차 스스로 막았다. 소송을 할 수 있는 모든 요건이 갖춰졌음에도, 그는 "실익이 없다"는 말 한마디로 직인을 찍지 않았다. 그 결과, TBS는 예산도, 제도도 없이 고립되었고, 지금까지도 법적 지위는 회복되지 못하고 있다. 공영방송으로서 복원될 수 있는 마지막 가능성마저, 외부가 아닌 내부의 결정으로 사라진 것이다. 이것은 정치권의 해체 기획에 협조한 실무자가, 복원의 길까지 봉쇄한 명백한 조직 파괴 행위였다.

출연기관 해제는 공영방송을 제도적으로 폐지한 중대한 결정이었다. 그러나 그 순간, TBS 경영진은 아무런 문제제기도 하지 않았다. 그리고 모든 선택의 정당화를 대신한 말은 단 하나였다.

"실익이 없다."

하지만 그 실익은 조직의 법적 자격이었고, 구성원의 주권이었고, 우리가 다시 제도 안으로 복귀할 수 있는 유일한 문이었다. 이 싸움은 결과 이전에 이미 정당했다. 이 싸움은 단지 승패의 문제가 아니다. 우리가 끝내 소송을 제기했다는 사실 자체가, 이 시대 공영방송 해체 과정에 맞선 정치적 증거다. 나는 앞으로도 경영진의 그 무책임한 결정을 잊지 않을 것이다. 법적 책임을 회피한 모든 경로, 묵살된 공문, 발표되지 않은 실익 보고서, 끝내 찍히지 않은 직인. 그 모든 장면은, 이 책 안에 한 줄도 빠짐없이 기록할 것이다. 그리고 나는 분명히 말한다. 그 책임자들에게는 끝까지 책임을 묻겠다. 더 이상, 예전의 TBS로 돌아갈 수는 없다. 이 결심은 기록에서 시작되고, 책임으로 완성된다. 이 싸움의 끝은 법원이 결정하지 않는다. 우리가, 이 기록이, 이 싸움이 끝을 맺어야 끝나는 것이다.

그토록 원하던 공익법인이 되었지만

2024년 12월 31일, 기획재정부는 TBS를 공익법인으로 지정 고시했다. 아이러니한 건 이 시점까지 TBS는 단 한 차례도 정관을 개정하지 않았다는 점이다. 서울시 출연기관 당시의 정관을 그대로 유지한 채, 행정적 정리도 법적 구조도 되지 않은 상태에서 '공익'의 이름을 부여받은 것이다.

이는 공익법인 지정을 위해 애써 왔던 경영전략본부장의 전략이 기묘하게도 결과를 먼저 맞이해버린 장면이었다. 그간 기업의 후원을 유치하기 위한 최소 조건으로 정관개정을 주장했고, 방통위와 행안부, 서울시와의 법적·제도적 줄다리기 속에서도 집요하게 정관을 손보려 했다. 하지만 번번이 제도의 벽에 막혔다.

결국, 정관이 바뀌지 않았음에도 불구하고, 기획재정부가 단독으로 공익법인 지정을 단행하면서 그의 전략적 전제는 무너진다. 본래 목표였던 '정관을 바꿔 공익법인 지정을 받고, 기업의 자금을 유치하는 구조'는 거꾸로 뒤집혀 '정관은 그대로인데 공익법인은 된' 이상한 결과로 귀결된다.

이 불일치는 결정적이다. 공익법인이 되었지만, 정관은 그대로이기에, 기업 후원을 받아 이사회에 참여시키거나, 자금에 대한 실질 통제권을 보장하는 방식의 구조는 여전히 불가능하다. 투자자 입장에서 보면, '들어갈 수 없는 구조'에 돈을 댈 이유가 없다. 결국 그가 집요하게 추구하던 '자금을 먼저 유치하고 정관을 개정하겠다'는 시나리오는 공익법인 지정이라는 '성공의 외피'를 쓴 채, 실질적으로는 아무것도 얻지 못한 채 종결되고 만다.

공익법인은 되었지만, 그로 인해 얻은 건 아무것도 없다. 기업의 후원은 들어오지 않고, 정관은 여전히 공공기관의 지위를 잃지 않은 채 모순된 상태로 존재하고 있다. 심지어 이 모든 과정을 강행하는 동안, 구성원 누구도 정관개정의 실효성에 대해 제대로 알지 못한다.

정관개정은 그대로고 여전히 '무늬만 공익재단' 상태로 머무는 이 구조는 지금 TBS가 서 있는 지점을 상징적으로 드러낸다. 법은 고쳐지지 않았고, 정관은 바뀌지 않았으며, 기업은 들어오지 않았다. '공익'의 이름으로 받은 타이틀은, 결국 또 다른 생존의 허상을 불러온 것이다.

모래 위에 쌓은 전략의 자가당착

공익법인이 되었으니, 기업 후원은 가능해질 것이라던 기대는 끝내 현실이 되지 않았다. 해가 넘어가고, 계절이 한 번 바뀔 동안에도 TBS에 발을 들이려는 기업은 나타나지 않았다. 모두가 '가능하다'고 말하던 민영화 생존 시나리오는, 실은 아무도 오지 않는 무대 위의 허상이었다.

이것은 설득의 실패가 아닌 구조적 한계였다. 기업들은 공익법인이라는 지위 하나만으로는 후원을 결정하지 않는다. 그들은 자금을 넣되 그에 합당한 거버넌스 권한, 즉 이사회 참여나 운영에 대한 실질적 영향력을 요구했다. 그러나 방송법은 이를 허용하지 않았다. 방송사업자는 누구든 일정 지분 이상을 소유하거나 영향력을 미치게 되면 방통위의 승인과 심의를 받아야 하고, 일정 수준을 넘으면 애초에 불가능하다. 공영방송이라는 제도적 틀 안에서 기업의 직접적 참여는 구조적으로 제한되어 있는 것이다.

정관이 바뀌지 않았다는 사실 역시 기업 입장에선 리스크다.

후원금은 들어가지만, 경영에 대한 보장도, 지분도, 영향력도 없다면, 이는 '기부'에 가까운 자선에 불과하다. 방송 콘텐츠에 대한 노출 효과도 명확지 않고, 상업광고는 여전히 불가능하다. 어떤 기업도 이런 구조에 자금을 넣을 이유가 없다.

게다가 TBS의 방송 정체성은 여전히 '공영방송'이다. 아무리 출연기관에서 해제되었더라도 시민적 신뢰와 정치적 독립성을 기반으로 유지되어야 할 지상파방송사가 특정 기업의 이해관계 안으로 들어간다는 것은 공공성의 붕괴를 의미했다. 기업들로서도 '잘못 얽힐' 위험이 있는 구조였고, TBS로서도 그런 방식의 협력은 본질적으로 위태롭다.

결국 경영전략본부장의 민영화 시나리오는, 공익법인 지정이라는 외피를 썼을 뿐 내부의 어떤 제도적 정비도 되지 않은 상태에서 구상된 모래성 같은 전략이었다. 방송법과 거버넌스 구조, 정치적 불확실성과 시민사회의 비판적 시선까지 – 어느 하나 제대로 넘어서지 못한 채, 그는 단지 '민간 유치의 가능성'이라는 말만 되풀이할 수밖에 없었다.

후원은 오지 않았고, 구조는 바뀌지 않았으며, TBS는 여전히 예산 한 푼 없는 벼랑 끝에 서 있다. '기업이 들어오면 된다'는 발상 자체가, 애초에 TBS라는 공공재의 성격과 충돌하는 것이었다. 오지 않을 미래를 기다리며 지금의 현실을 소모한 대가는 컸다. 방송의 품격도, 구성원의 생존도, 공영방송의 명예도 – 모두 지켜지지 못한 채 흘러가고 있었다.

무너진 허상, 남겨진 질문

이 지점에서 묻게 된다. 과연 우리는 무엇을 위해 이 싸움을 버텨온 것인가? TBS는 왜 이토록 복잡하고 불가능한 길 위에 서 있게 되었는가? 가장 먼저 무너진 것은 제도에 대한 신뢰였다. 정관은 바꿀 수 없었고, 출연기관 지정은 해제되었으며, 공익법인은 공허한 칭호였다. 방송법의 벽, 방통위의 공백, 서울시의 무책임, 행안부의 고시 – 모두가 TBS를 실체 없는 존재로 만들었다.

그다음 무너진 것은 전략이었다. 민영화는 생존을 위한 전략이었으나, 전략은 시스템을 전제로 작동한다. 시스템이 무너지면 전략도 실패한다. 경영전략본부장이 추진한 민영화 시도는 처음엔 시간 벌기를 위한 불가피한 선택이었지만, 끝내 실패를 인정하지 않고 무리하게 끌고 간 결과로, 모든 대안적 출구마저 스스로 닫아버렸다.

마지막으로 무너진 것은 구성원들의 시간과 생존이었다. 우리는 1년을 소진했다. 몇백 억대의 기업 후원이라는 허상에 기대어, 민영화가 가능하다는 희망에 매달려, 꼼짝없이 제자리에 앉아 다른 길을 찾지 않았다.

하지만 남겨진 것은 무엇인가? 공영방송이라는 존재 자체에 대한 질문, 민영화는 가능한가라는 구조적 회의 그리고 우리는 무엇을 지키고자 했는가라는 근본적인 고민이다. 그 질문은 아직 끝나지 않았다. 이 장은 마무리되었지만, 싸움은 여전히 현재진행형이다. TBS는 끝나지 않았다. 오히려 그 해체의 서사를 통해, 우리가 진짜 지켜야 할 것이 무엇이었는지를 더 또렷이 확인하게 되었을 뿐이다.

11장
침묵의 시대, 가장 먼저 말한 사람들

2022년 11월, 서울시의회가 TBS 지원 조례를 폐지했다. 정치권은 조용했고, 언론도 별다른 반응을 보이지 않았다. 그런 상황에서 먼저 움직인 건 시민들이었다. 민주언론시민연합을 중심으로 새로운 조례안을 만드는 작업이 시작됐고, 시민들은 거리로 나가 서명을 받으며 조례를 되살리려 했다. 이 장은 그때 있었던 주민조례운동과 그 과정에서 시작된 연대의 이야기를 담고 있다. 실패로 끝났지만, 분명히 남은 성과들에 대한 기록이다.

민언련과의 첫 만남

2023년 2월, 나는 언론노조 TBS지부장으로서 임기를 막 시작한 참이었다. 폐지 조례안 통과 후, 방송국 내부는 침묵과 무력감에 잠겨 있었다. 프로그램은 연달아 폐지됐고, 조직은 방향을 잃은 채 정지해 있었다. 그때, 'TBS 주민조례 서명운동'이 시작된다는 소식을 접했다.

놀라움이 먼저였다. 조례를 다시 만든다고? 그런데 왜 우리는 몰랐을까? 알고 보니, 이 운동은 조례 폐지 직후부터 이미 민주언론시민연합(이하 민언련)을 중심으로 조용히 준비되고 있었다.

나는 곧바로 민언련 신미희 사무처장에게 전화를 걸었다.
"저희도 주민조례운동에 함께하고 싶습니다."
그는 따뜻한 목소리로 답했다.
"그렇지 않아도 연락드리려 했어요. 당사자인 TBS가 함께해야죠."

그것이 시민사회와의 첫 공식적인 만남이었고, 이후의 TBS 투쟁의 흐름을 바꾸는 전환점이 되었다.

얼마 후 열린 'TBS 주민조례 시민공청회'에서 나는 처음으로 민언련의 구성원들과 마주했다. 민언련 상임공동대표 이진순, 공동대표 채영길, 정책위원장 이용성, 사무처장 신미희 그리고 활동가들을 처음 만났다. 이들은 새로운 조례안을 설계하고, 법적·제도적 대안을 준비하고, 시민과 언론의 관계를 다시 정의하려는 실천가들이었다.

공청회 자리에서 나는 한 명의 시민으로서 그 자리에 앉아 질문을 던지고, 설명을 들었다. 그날 공개된 주민조례안은 원래의 조례를 되돌리는 수준이 아니었다. 재정의 독립, 편성의 자율성, 시민참여의 구조화 등 공영방송이 갖추어야 할 기본 토대를 훨씬 더 정교하고 탄탄하게 담아내고 있었다.

나는 그날 처음으로 TBS가 되살아날 수도 있겠다는 희망을 가졌다. 그 희망은 막연한 기대가 아니라, 누군가가 실제로 큰 틀의 구조를 다시 짜고 있다는 데서 오는 경외감과 안도감이었다. 그날의 자리는 시민이 무너진 공영방송의 구조 위에 다시 설계도를 펼치는 자리였다. 정치가, 언론이, 포기한 자리를 시민이 채우

고 있었다. 민언련은 '언론의 자유'와 '민주주의의 가치를 지키고
자 하는 시민들'의 정체성이 응집된 실체였다. 그 구성원 하나하
나는 단체의 일원이기 이전에, 시민의 역할을 포기하지 않으려는
한 사람 한 사람이었다. 그 만남 이후, 민언련은 내게 단순한 연대
조직이 아닌, TBS 투쟁의 방향을 함께 설계하고 함께 책임지는
전략적 공동체로 다가왔다. 또한 언론의 자유와 민주주의를 지키
고자 하는, 포기하지 않은 시민들의 또 다른 이름이다. 그 사실을
깨달은 순간, 나는 더 이상 혼자가 아니었다.

시민이 다시 쓴 조례

TBS 주민조례안은 'TBS를 돌려달라'는 외침에 머무르지 않
았다. 오히려 권력이 지워버린 자리에, 더 나은 설계를 가지고 돌
아왔다. 기존 조례의 허점을 보완하고, 정치로부터 독립된 공영방
송의 토대를 시민 스스로 구축하고자 한 시도였다.

무엇보다 먼저, 조례안은 재정 독립의 법적 의무화를 핵심에
두었다. 폐지 이전 조례에는 서울시가 TBS에 "출연할 수 있다"는
임의적 표현만 담겨 있었다. 하지만 새 조례안은 다음과 같이 규
정했다.

"서울시장은 TBS가 공적 책무를 수행할 수 있도록 예산을 안정적으로 편성하고 지급할 의무가 있다."

출연 여부를 정치권의 자의적 판단에 맡기지 않고, 공적 책임으로 명시한 것이다. 이는 예산 배정을 단순한 행정 재량이 아닌, 법적 책무로 전환시킨 시민의 입법적 개입이었다. 정치가 언론을 통제하지 못하도록 재정적 '안전핀'을 직접 만든 것이다.

두 번째로, 편성과 인사의 독립을 위한 장치들이 도입되었다. TBS는 대표 임명에 있어 서울시장의 강한 영향력 아래 놓여 있었다. 새 조례안은 이 문제를 정면으로 겨냥했다. 대표이사 임명 절차를 이사회 중심으로 변경하고, 방송 편성의 자율성을 조례 문구에 직접 규정함으로써 외부 간섭을 구조적으로 차단하려 했다. TBS라는 공적 플랫폼이 어떤 권력도 자의적으로 '통제'하거나 '대체'할 수 없는 시스템을 갖추도록 설계된 것이다. 권력이 방송을 인사로 흔들 수 없게 만드는 장치. 즉, 공영방송의 헌법적 원칙인 편성의 독립성을 조례 수준에서 구현하려 한 시도였다.

셋째로, 조례안은 시민참여의 제도화를 강조했다. TBS가 시민의 세금으로 운영되는 방송인 이상, 그 책임 역시 시민 앞에 있어야 한다는 원칙이었다. 조례안은 다음과 같은 조항을 포함했다.

- 시민이 직접 프로그램 평가 및 의견 개진에 참여할 수 있는 구조 마련
- 연 1회 이상 TBS 운영 전반에 대한 시민 보고서 발행 의무화

이는 시민이 공영방송 운영의 감시자이자 주체로, 직접 참여하는 제도적 틀을 마련한 것이었다. 마지막으로, 이 모든 내용을 아우르는 조례안 서문의 문장은 이 운동의 철학을 가장 명확히 보여준다.

"서울특별시는 TBS가 시민의 알 권리, 표현의 자유, 언론의 독립을 실현하는 공적 플랫폼이 되도록 해야 한다."

이 문장은 조례가 단순히 기관의 예산과 규정을 다루는 문서가 아니라는 사실을 보여준다. 이는 하나의 선언이었다. 시민이 정의한 공영방송의 정체성, 정치가 외면한 책임에 시민이 남긴 헌법적 응답이었다.

'6,461'이란 숫자가 남긴 것

2023년 3월 27일, 드디어 'TBS 주민조례 서명운동'이 시작됐다. 서울시 조례 발안제는 대한민국 지방자치법에 따른 제도로,

조례 제정을 시민이 제안하려면 일정 요건을 충족해야 한다.

이 경우, 서울시에 주민등록이 되어 있는 만 18세 이상 유권자 2만 5천 명의 실명, 주민등록번호 13자리, 주소를 담은 서면 서명을 수집해야 했다. 온라인 서명은 허용되지 않았으며, 서명을 받는 주체는 '수임자'로 등록된 시민만 가능했다. 수임자는 위임신청서, 신분증, 연락처를 제출하고 행정적 절차를 거쳐 등록됐다.

TBS주민조례 서명운동은 2023년 3월 27일부터 2023년 9월 26일까지 약 6개월간 진행되었다. 수임자는 1,000명에 달했다. 매주 수십 명의 수임자들이 서울시 곳곳의 지하철 역사, 광장, 마을축제, 문화행사, 시민사회 집회 등에서 서명을 받기 위해 활동했다. 모든 서명은 자필로 작성돼야 했고, 개인정보 누락이나 서명 오류는 무효로 처리됐다. 수임자들은 비가 오거나 더운 날씨에도 시민을 직접 만나 조례안의 취지를 설명했고, 개별적으로 서명지를 수거해 보관하고, 마감기한 내 서울시에 제출하는 역할을 수행했다.

TBS주민조례 서명운동에는 민주언론시민연합을 비롯해 더불어민주당, 정의당, 진보당, 기본소득당, 녹색당 등 5개 정당이 공동 참여했다. 당시 더불어민주당 서울시당 'TBS지킴이 특별위원장'을 맡고 있던 박주민 의원은 이 운동에 가장 핵심 역할로 나섰다. 2023년 5월 12일, 서울 DMC역 인근 거리에서 열린 서명운동 현장에서 박 의원은 언론 인터뷰를 통해 이렇게 말했다.

"돈줄을 죔으로써 언론을 길들이기 하거나 움직이지 못하게 하는 게 허용된다면, 공공에서도 이렇게 하는데 민간영역에 있는 언론은 도대체 어떻게 되는 건가. 문제가 심각하다."

그의 발언은 TBS 사태가 단지 특정 방송사의 문제가 아니라, 언론의 자유를 구조적으로 통제하는 방식이 제도화되고 있다는 점에 대한 명확한 경고였다. 또한 이 조례운동이 단지 TBS를 지키는 것이 아니라, 언론자유의 헌법적 가치를 시민 스스로 지키려는 입법 실천이라는 사실을 되새기는 계기이기도 했다. 이와 함께 마을미디어단체, 언론시민단체, TBS 청취자 등 개별 시민들의 참여도 꾸준히 이어졌다.

최종적으로 모인 유효 서명 수는 6,461명이었다. 법적 요건인 2만 5천 명에는 도달하지 못해, 조례안은 정식으로 발의되지 못했다. 주민조례운동은 형식적으로는 실패였다. 그러나 이 운동이 남긴 의미는 결코 사라지지 않았다.

이 서명운동은 TBS만을 위한 것이 아니었다. 이는 공영방송의 법적 기반을 정치가 아닌 시민이 설계할 수 있는가에 대한 질문이자 시도였다. 서명을 받기 위해 시민들이 감당한 절차는 단순한 캠페인을 넘어 입법 과정에 직접 참여한 경험 그 자체였고, 수백 명의 수임자들은 제도의 문턱 앞에서 그 참여 가능성과 한계를 실증해 보였다.

TBS 주민조례안은 비록 정식 입법으로 이어지지는 못했지만, 법과 정치가 공백을 만든 자리에 시민이 던진 가장 정제된 응답이었다. 정치가 침묵할 때 시민이 말했고, 행정이 후퇴할 때 시민이 설계도를 들고 나섰다. 따라서 이 문서는, 단지 하나의 실패한 조례안이 아니라 향후 어떤 공영언론 입법에서도 가장 먼저 참조돼야 할 기준점이자 원형이다. 공영방송을 위한 시민 입법이 가능하다는 것, 그리고 그것이 절차와 설계에 있어 충분히 실현 가능한 수준이었다는 사실은 이 운동이 남긴 가장 분명한 유산이다.

언론아싸 – 우리는 서로를 처음으로 이해했다

"시민이 언론의 인싸가 되는 그날까지, 언론아싸!"
이는 공영방송 유튜브 라이브 〈언론아싸〉의 슬로건이다. 언론과 시민 사이에 생긴 단절을 직시하고, 그 거리감을 스스로 자각한 언론노동자들이 다시 말하기를 시도한 콘텐츠였다. 말을 시작하고, 서로의 언어를 맞춰가며, 시민에게 다시 다가가고자 한 작은 방송. 동시에 공영방송들이 개별적으로 무차별 탄압받는 시대에, 언론노조 대표들이 함께 마주 앉아 방송으로 연대했던 유례 없는 실험이었다.

2023년 여름, 나는 TBS지부장으로서 방향을 잃고 있었다. 조례는 폐지되었고, 예산은 끊겼으며, 프로그램은 하나둘 사라지고 있었다. 조직 내부의 동력은 약해져 있었고, 주민조례 운동에 충분히 응답하지 못했다는 자책도 깊었다. 그때, 민언련이 한 가지 제안을 했다.

"언론노조 공영방송 노조 대표들이 한자리에 모여 현재의 언론탄압 사태를 고발하는 유튜브 콘텐츠를 만들어보자."

그날, 우리는 민언련 회의실에서 처음으로 마주 앉았다. KBS, MBC, EBS, YTN, TBS - 우리가 이런 식으로 한자리에 모인 건 그날이 처음이었다. 같은 현장에서 싸우고 있었지만, 그동안 우리는 서로의 싸움을 제대로 알지 못했다. 그 자리에서 이진순 민언련 상임공동대표가 조심스럽게 질문했다.

"지금 각 사의 상황은 어떤가요?"

그 순간, 나는 마음속에 꽉 막혀 있던 무언가가 갑자기 터져 나오는 것을 느꼈다. 나는 이 질문을 오랫동안 기다려왔다는 걸 그제야 깨달았다. 그 누구도 아니었다. 바로 이 사람들 앞에서 말하고 싶었다. 같은 공영방송을 책임지고 있는 동료들에게. 이 싸움을 외면하지 않을 사람들에게.

나는 그 자리에서, 내 인생에서 가장 솔직한 말들을 쏟아냈다. 예산이 끊기고, 프로그램이 사라지고, 조직이 해체되어 가는 현실을. 무기력과 자책, 고립과 불안, 그 모든 걸 꺼내놓았다. 누구에게도 그렇게 허심탄회하게, 그렇게 거침없이 말해본 적은 없었다.

말을 마친 뒤, 나는 비로소 고개를 들었다. 그들의 표정을 나는 지금도 또렷하게 기억한다. 그건 피상적인 이해가 걷히고, 처음으로 타인의 현실이 자기 일처럼 다가왔을 때의 얼굴이었다. 그 표정을 보는 순간, 나도 알 수 있었다. 우리는 서로를 처음으로 이해하고 있었다. 말하는 사람과 듣는 사람이 하나의 현실을 공유하는 그 짧은 순간, 나는 혼자가 아니었다. 다른 방송사의 동료들도 말문을 열기 시작했다. KBS는 당시 수신료 분리징수 사태로 흔들리고 있었고, MBC는 '바이든 날리면' 보도 이후 지속적인 정치적 공격에 시달리고 있었다. YTN은 공공기관 지분 매각 압박을 받고 있었다. 다양한 형태였지만, 본질은 같았다. 권력에 의한 공영방송 해체 시도.

그날, 우리는 처음으로 이 위기가 개별 방송사의 문제가 아니라, 하나의 구조적 흐름이라는 것을 절실히 공유하게 되었다. 침묵의 시간을 지나 말하기를 시작하자는 결심은 자연스럽게 실천으로 이어졌고, 그렇게 〈언론아싸〉는 시작됐다.

〈언론아싸〉는 2023년 8월 3일부터 오마이TV를 통해 매주 생방송으로 송출되었다. 민언련이 기획 제작하고, 전국언론노동조합 산하 공영방송 노조 대표들이 공동 출연한 유튜브 라이브 방송이었다.

우리는 방송에서 서로를 직함이 아닌 이름 없는 이니셜로 불렀다. K님, M님, T님, Y님. 이 호칭은 곧 내부에서의 호칭이 되었고, 우리는 스스로를 '큼티^{KMTY}'라고 불렀다. 그 안에는 서로를 이해하고 있다는 따뜻한 연대의 감정이 담겨 있었다. 무엇보다 이 연대가 중요했던 이유는, 공영방송들이 이렇게 동시에 탄압당하고, 각 사의 노조 대표들이 공동 대응의 이름으로 함께 카메라 앞에 선 일이 전례 없는 일이었기 때문이다.

민언련은 이 흐름을 설계했고, 〈언론아싸〉가 만든 모든 장면을 '기록되어야 할 시간'으로 바라보았다. 민언련 활동가들은 우리가 함께 만들어낸 방송을 지켜보며, 이를 공영방송과 시민 사이의 신뢰 회복을 위한 새로운 언어적 실천으로 받아들였다.

우리는 그 방송을 무려 1년 6개월간 이어갔다. 그 시간 동안 수많은 의제를 다뤘고, 그 안에서 나는 대한민국 언론탄압의 실체를 깊이 이해하게 되었다. 〈언론아싸〉에서 배운 모든 것, 그 방송에서 만난 모든 공영방송의 사례들이 바로 이 책 『공장폐쇄』를 쓰게 된 정신적 연료이자 실질적인 자료가 되었다. 방송 중 만난 시민들의 질문과 응원, 매주 찾아오는 고정 시청자들, 채팅창으로 올라오는 짧은 응원의 문장들-그 모든 것이 이 싸움을 멈추지 않게 해주는 연료였다. 나는 그 시간을 통해, 언론이 시민과 다시 만나야 한다는 명제를 단순히 알게 된 것이 아니라, 실제로 체감하게 되었다. 그리고 그 깨달음은, 이 책을 끝까지 쓸 수 있었던 동력이기도 했다.

당시 〈언론아싸〉에 함께 출연했던 우리가 'M님'이라 불렀던 이호찬 MBC 본부장은 2024년 2월 7일, 제13대 전국언론노조 위원장에 당선되었다. 그는 〈언론아싸〉의 기억을 고스란히 품은 채, '언론노조TV' 신설을 공약으로 내세웠고, 그 결과로 〈또 라이브〉

라는 유튜브 라이브 콘텐츠가 탄생했다. 〈또 라이브〉는 언론아싸의 정신을 계승한 또 다른 실험이자 시민과 언론 사이에 멀어진 거리를 다시 연결해 보려는 방송이었다. 그리고 지금, 〈또 라이브〉는 공영방송 복원과 언론연대의 또 하나의 마중물이 되어 성공적으로 진행되고 있다.

〈언론아싸〉는 끝났지만, 그 시간 동안 이어진 관계는 지금도 살아있다. 서로의 단톡방은 여전히 열려 있다. 말을 나누는 일이, 이토록 긴 연대의 시작이 될 수 있다는 것을 우리는 한 프로그램을 통해 배웠다. 공영방송을 지켜온 것은 언론 스스로가 아니라 시민이었다는 것. 그리고 시민과 다시 만나기 위한 첫걸음은, 말을 건네는 것에서부터 시작된다는 것을.

"시민이 언론의 인싸가 되는 그날까지."
이 문장은 하나의 구호가 아니라, 우리가 함께 살아낸 실제였다.

언론의 자유를 지킨 건 늘 시민이었다

『공장폐쇄』를 쓰는 내내 나는 잊지 않았다. 언론의 자유를 지켜온 것은 언제나 언론 내부만의 힘이 아니었다는 사실을.

조례가 사라진 자리에서 시민은 직접 다시 조례를 썼고, 공영방송이 흔들릴 때마다 가장 먼저 반응한 것도 시민이었다. 거리에서, 광장에서, 때로는 한 줄의 서명을 통해, 때로는 한 편의 댓글로. 그리고 아주 오래전부터, 훨씬 더 많은 방식으로.

1974년, 동아일보 기자들이 대량 해직됐을 때, 광고란을 비워 버린 신문을 시민들은 '백지광고'로 채웠다. 대기업 광고가 철수한 자리에 개인들이 십시일반 광고를 싣고, 언론 자유의 가치를 함께 지켜냈다. 1987년, 전두환 정권 아래 왜곡된 언론현실 속에서, 한겨레신문은 시민 2만 6천여 명이 스스로 주주가 되어 창간되었다. 정권이 통제하지 못하는 언론을 만들어내는 데 필요한 자본과 의지를, 시민이 모은 것이다. 2008년, 이명박 정부가 공영방송에 대한 장악 시도를 강화하자, 시민들은 KBS와 MBC 앞에서 밤마다 촛불을 들었다. "공정방송 수호"라는 말이 처음으로 광장에서 울려 퍼진 순간이었다. 그리고 2023년, TBS 조례가 폐지되었을 때도 그랬다. 법과 제도가 사라진 자리에 시민들이 다시 조례를 썼고, 때로는 매서운 비난과 조롱 속에서도 이름을 적고, 거리에 나섰다. 누가 시키지 않았지만, 그들은 "이건 우리의 방송"이라는 마음 하나로 싸움에 합류했다.

〈언론아싸〉를 통해 나는 또다시 확인했다. 공영방송이 공격받는 시대에, 시민은 단지 시청자나 청취자로 머무르지 않는다는 것을. 질문하고, 지지하고, 싸움의 논리를 함께 이해하고, 때로는 우리보다 먼저 분노했다. 나는 이 모든 과정 속에서 절감했다. 언론은 시민과 단절된 채로 살아남을 수 없다는 것. 그리고 언론의 자유는 민주주의와 떨어져 존재할 수 없다는 것을.

지금, 언론을 지키려는 시민의 지지와 관심이 느슨해졌다고 느낄 수도 있다. 그건 어쩌면 언론이 시민에게 제대로 응답하지 못했기 때문일지도 모른다. 기대를 배반한 언론, 연대를 소홀히 한 언론은 시민의 신뢰로부터 멀어질 수밖에 없다. 하지만 나는 믿는다. 이건 끝이 아니라, 잠시 멈춰 있는 시간일 뿐이라는 것을. 시민의 힘은 사라진 것이 아니라, 다시 시작될 순간을 기다리고 있을 뿐이다.

나는 이 책을 통해 말하고 싶었다. 지금 우리가 겪은 해체는 단지 한 방송사의 위기가 아니며, 언론의 자유란 정치가 허용하는 특권이 아니라 시민이 포기하지 않아야 비로소 존재하는 권리라는 것을. 그래서 나는 지금도 믿는다. 서로가 서로를 지켜야 한다는 이 단순한 믿음이, 다음 싸움의 가장 단단한 연료가 될 것이다.

투쟁, 연대, 동지에 대하여

나는 말과 글을 다루는 사람이다. 질문을 만들고, 누군가의 이야기를 더 정확한 단어로 꿰어내는 일을 해왔다. 그래서일까. 어떤 말이 갖는 울림, 결, 무게에 누구보다 민감했다.

'투쟁'이라는 단어를 처음 마주했을 때, 그 낯섦은 내게 유독 크게 다가왔다. 그 말은 어딘가 무거웠고, 마치 반드시 무엇인가를 '쟁취'해야만 사용할 수 있는 말처럼 느껴졌다. 거리를 행진하고, 깃발을 들고, 구호를 외치는 풍경은 나와는 다른 결의 세계처럼 보였다. 노동조합이라는 말 역시 그랬다. 늘 뉴스 속 혹은 다큐멘터리 속의 장면으로만 존재하던 단어들. 나와는 다른 시간, 다른 언어를 쓰는 사람들의 세계처럼 여겨졌던 단어들.

그러나 언론노조 TBS지부장이 된 이후, 그 모든 낯섦은 조금씩 뒤집혔다. 처음에는 무너지는 방송을 지키기 위해 투쟁을 외쳤다. 그다음에는 우리가 여전히 존재한다는 것을 알리기 위해 외쳤고, 어느 순간부터 그 말은 누군가를 향한 외침이 아니라 나 자신을 붙잡는 언어가 되었다.

'투쟁'은 결코 거친 말이 아니었다. 그것은 생존의 말이었고, 존엄의 말이었다. 누군가에겐 단 하루를 더 살아내기 위한 절박함이었고, 누군가에겐 세상을 아주 조금 움직이게 만드는 가장 정직한 단어었다. 그리고 나에겐 내가 내 삶을 스스로 지킬 수 있다는 확인의 언어였다. 지금 나는, 투쟁이라는 말을 어색해하지 않는다. 그 말을 외치는 순간, 되레 내 안에 기운이 돈다.

연대는, 싸움의 말이 아니라 곁의 말이다.
내가 언론노조 안에서 만난 미디어발전협의회 지부장들은 가장 힘든 시기에, 가장 먼저 손 내밀어 준 사람들이다. 내가 힘들다고 말할 때마다 어디든 망설임 없이 달려와 준 사람들이다. 우리가 내부 동력을 잃고 있을 때, 가장 먼저 다가와 그 동력을 다시 채워준 사람들이다. 단톡방에 올라온 위로의 말들이 나를 다시 움직이게 했다. 우리가 투쟁기금이 바닥났을 때는 기꺼이 식대를 내주기도 했고, 때로는 그들의 존재만으로도 나는 이 싸움이 외롭지 않다고 느낄 수 있었다. 처음엔 조금 어색했던 그 연대가, 지금은 그들의 얼굴을 보는 것만으로도 마음이 놓인다. 그리고 이제는 그들에게 무슨 일이 생기면 기꺼이, 누구보다 먼저 달려가 줄 수 있는 나 자신을 느낀다. 말없이 곁에 있어 주는 사람들, 그들이 있었기에 나는 여기까지 올 수 있었다. 연대는 협조가 아니다. 연대는 공존을 지속시키는 구조다. 우리는 각자의 삶에서 고립되지 않기 위해 연대하고, 그 연대는 사회의 틈을 메우는 보이지 않는 접착제가 된다.

그리고 마지막으로, 동지.
나는 '동지'라는 말이 생각보다 훨씬 위대하고 따뜻한 말이라는 걸 이제는 안다. 같은 것을 바라보고 있다는 사실만으로 버틸 수 있고, 견딜 수 있으며, 나아갈 수 있다는 것. 이 단순한 진실을 나는 노동조합 안에서 배웠다.

언론노조 지부장이라는 자리는 하루에도 몇 번씩 내려놓고 싶어지는 자리였지만, 동시에 내 인생에서 가장 많은 것을 배운 자리이기도 했다. 나는 이 역할을 하며 내 안에 있던 많은 편견이 깨어지는 것을 경험했다. 노동조합은 투쟁만 하는 단체가 아니라, 공공의 가치를 지키기 위해 지속적으로 고민하고 실천하는 공동체였다. 거리의 농성자들이 나와는 먼 사람들처럼 느껴졌던 과거와 달리, 나는 이제 고공 크레인 위에 있는 누군가를 '먼 사람'이 아니라 '지금도 나처럼 삶을 지키고 있는 사람'으로 다시 바라본다.

나는 방송작가로 시작했고, 지금은 노동조합의 간부가 되었다. 그리고 이 두 이름 사이에 놓인 수많은 오해와 단절들을 건너오며 나는 이렇게 말할 수 있게 되었다.

우리는 모두 노동자다. 우리는 모두, 각자의 방식으로 삶을 지키기 위해 싸우는 사람들이다. 그리고 나는 언제든 누군가가 손을 내민다면 그 손을 잡을 준비가 되어 있다. 그것이 지금의 나를 가장 자랑스럽게 만드는 나의 마음이다.

12장
유령선에 갇힌 사람들

TBS는 만 2년간 제작비 없이 방송을 이어갔다. 누군가는 송출을 멈추지 않았고, 누군가는 편성표를 다시 채웠다. 우리는 일을 한 것이 아니라, 존재를 증명하기 위해 방송했다. 조직은 무너졌지만, 방송은 흐르고 있었다. 그 송출은 생존이 아니라 저항이었고, 기록은 끝이 아니라 버팀의 또 다른 방식이었다. 이 장은, 끝나지 않기 위해 버텼던 사람들의 이야기다.

방송을 멈추지 않는 이유

TBS는 2023년 3월부터 사실상 제작비 없는 방송 체제로 돌입했다. 추가경정예산이 무산된 뒤, 편성은 급격히 축소됐고, 외부 출연자와 진행자는 출연료를 받지 못한 채 떠나갔다. 시민참여를 유도할 선물조차 없어졌고, 작가들은 하나둘 빠져나갔다. 그 자리를 메우기 위해 남은 인원들은 '1인 다역'을 일상으로 받아들여야 했다.

전문성은 사치처럼 여겨졌다. 분업이 아닌 생존을 위한 전방위 대응이 TBS의 새로운 일상이었다. 보도국 기자들은 현장 취재를 위한 택시비조차 자비로 부담했고, 제작진은 기본적인 장비조차 지원받지 못한 채 방송을 이어갔다. 프로그램들은 순차적으로 폐지됐고, 방송 시간의 상당 부분은 음악으로 채워졌다. 창의성과 기획이 사라진 자리에는 생존을 위한 무언의 침묵만이 남았다.

그 와중에도 제작진은 '방송을 멈추지 않는 것'이 공영방송의 최소한의 책무라는 신념으로, 마지막 한 사람까지 자리를 지켰다.

그러나 방송을 유지하는 것만으로는 TBS의 공공성을 지킬 수 없었다. 방송이 살아있다는 사실이 오히려 위기를 감추는 가림막이 되는 건 아닐까, 하는 자괴감도 피할 수 없었다.

외국어 라디오 채널인 eFM은 콘텐츠 제작을 포기할 수밖에 없었고, 재방송 송출로 편성을 대체해야 했다. 예산이 멈춘 방송국, 그 안에서 흘러나오는 재방송과 반복되는 음악은, 그 자체로 재난방송 같았다. 청취자가 점점 떠나가는 현실 앞에서, 제작진은 더 이상 '무엇을 위한 방송인가'라는 질문을 회피할 수 없게 되었다.

이런 상황에서도 방송을 멈추지 않았던 이유는 분명했다. 우리가 방송을 멈추면, 공영방송이라는 존재 자체가 지워질 수 있기 때문이었다.

떠나가는 동료들, 무너지는 팀워크

처음엔 누구도 예상하지 못했다. 이 사태가 이렇게 오래 갈 줄, 이렇게 깊어질 줄. 2023년 후반이 지나면서, 하나둘 짐을 싸기 시작한 동료들이 생겼다. 1차 희망퇴직이 시작됐고, 구성원들은 저마다의 사정과 판단으로 회사를 떠나기 시작했다. 남아 있는 이들은 점점 침묵해 갔고, 남은 자리엔 더 많은 일과 더 깊은 고립감이 남았다.

동료의 빈자리를 누군가가 메워야 했다. 그러나 일의 양보다 더 가혹했던 것은 점점 타인의 고통에 무감각해지는 내부 분위기였다. 말없이 떠나는 사람, 말없이 남는 사람, 누구도 쉽게 자신을 드러내지 않았다. 감정의 교환은 줄었고, 서로에 대한 신뢰는 피로 속에 쓰러져갔다.

이 시기 팀워크는 해체의 문턱에서 위태롭게 서 있었다. '함께 싸우자'는 말이 부담되는 상황, '함께 버티자'는 말이 공허하게 들리는 날들이었다. 누구는 방송을 유지하는 데 몰두했고, 누구는 외부와의 투쟁을 이어갔고, 누구는 떠나갈 준비를 하고 있었다.

이 싸움은 단지 정권과의 싸움이 아니었다. 우리 자신과의 싸움이었다. 버틸 수 있는가, 싸울 수 있는가, 타협할 것인가 아니면 무너질 것인가. 누구도 쉽게 답을 낼 수 없었지만, 그 질문 앞에 고개를 돌리지 않기 위해, 우리는 방송을 만들었다.

무급 이후의 삶

2024년 8월, 마지막 월급이 들어왔다. 그것은 TBS가 '정상적인 방송사'로 기능했던 마지막 순간이었다. 그 이후로 급여도, 업무도, 조직도 이전과는 완전히 달라졌다. 우리는 더 이상 방송사 직원이 아니었고, 방송도 더 이상 '일'이 아니었다. 무급휴업자라는 이름 아래, 우리는 미지의 시간 속에 유예된 존재가 되었다.

일부는 여전히 희망을 품었다. "서울시가 입장을 바꾸지 않을까?" "정권이 바뀌면 상황이 달라지지 않을까?" 그 희망은 현실을 부정하려는 본능이었고, 생존을 위한 본능이기도 했다. 그러나 시간이 흐르면서 그 희망은 서서히 무기력으로, 죄책감으로, 분노로 변해갔다. 남은 사람들은 버틴 죄인처럼 서로를 바라보았고, 떠난 사람들은 포기한 배신자처럼 느껴졌다. 물론 누구도 죄인이 아니었고, 배신자도 아니었다.

무급이라는 현실은 냉혹했다. TBS는 더 이상 생계를 유지할 수 있는 직장이 아니었고, 방송이라는 꿈을 펼칠 수 있는 무대도 아니었다. 그럼에도 방송은 송출되고 있었다. 음악은 계속 흘렀고, 몇몇 프로그램은 유지되고 있었다. 하지만 그것은 생존이 아니라 연명이었다. '그날'을 기다리는 사람들의 숨죽인 대기. '아직 끝나지 않았다'는 사실 하나만으로 유지되는 송출.

이 시기는 동시에 정체성의 상실기이기도 했다. 우리는 무엇이었을까. 시민의 방송이었는가, 서울시의 예산기관이었는가, 언론이었는가, 아니면 유령처럼 남은 조직의 잔재였는가. 직책도, 임금도, 조직도 사라진 상황에서 우리는 여전히 TBS의 일원이었고, 동시에 아니기도 했다. 말할 수도, 일할 수도 없는 그 시간 속에서 우리는 스스로에게 묻고 또 물었다. 우리는 지금 무엇으로 존재하는가.

그리고 그 질문은 아직 끝나지 않았다. TBS가 사라졌는지 아닌지는 법적 판단이나 예산 구조로 증명되지 않는다. 그 안에 있던 사람들이 어떻게 살아남았는지로 증명될 것이다. 우리는 여전히 '그 이후'를 살아가고 있다. 무급 이후의 삶. 그것이야말로 진짜 싸움의 시작이었다.

답은 없다, 하지만 우리는 여전히 싸운다

싸움은 언제나 거창한 선언이나 격렬한 행동으로만 이루어지는 게 아니다. 어떤 날은 조용히 출근해 프로그램 송출을 이어가는 일이 싸움이었고, 어떤 날은 단체 채팅방에 서로를 토닥이며 좌절하지 않는 것이 싸움이었다. 어떤 날은 사라진 편성표 위에 다시 이름을 올리는 것이, 또 어떤 날은 이제는 떠나간 동료의 책상을 조용히 정리하며 울지 않는 것이 싸움이었다.

그렇게 우리는 방송을 '유지'해 왔다. 하지만 방송을 '지켰다'고 말할 수는 없다. '지켰다'는 말은 아직 멀다. 우리는 다만 무너져가는 방송을 온몸으로 끌어안고, 그 붕괴의 속도를 조금이라도 늦춰왔을 뿐이다. 그 안에서 수백 가지 감정이 교차했고, 누구를 원망해야 할지도 모른 채 서로에게 상처를 내기도 했다. 그럼에도 우리는 여전히 여기에 있다. 무급이지만 TBS의 사람으로, 방송은 멈췄지만 방송인으로, 공영방송은 사라졌지만 공영방송을 믿는 사람으로.

우리는 이제 질문을 바꿔야 한다. "무엇을 할 수 있는가"보다 "어떻게 끝나지 않을 것인가"를 물어야 한다. 그리고 그 물음에 답할 수 있을 때까지, 우리는 이 싸움을 기록하고, 전달해야 한다. 그것이 우리가 끝까지 할 수 있는, 마지막 남은 책무다.

이것은 TBS만의 싸움이 아니다

　TBS의 해체를 단지 하나의 지역 방송사 몰락으로만 받아들인다면, 그것은 현실을 외면한 위험한 단순화다. TBS는 단순히 서울시 산하의 출연기관도, 〈뉴스공장〉이라는 논쟁적 프로그램만의 무대도 아니었다. TBS는 지난 35년간, 민주주의 사회에서 언론이 어떤 역할을 할 수 있는지를 실험하고 증명해 온 공공 미디어였다. 그리고 그 실험이 무너졌을 때, 충격은 방송국 내부에만 머물지 않았다. 이는 공영성과 표현의 자유, 제도 안에서의 언론 역할을 어디까지 허용할 것인가에 대한 국가적 질문이자 정치적 시험대였다. 정권이 예산으로 방송을 길들이고, 지방의회가 조례로 제도적 해체를 실행하며, 중앙정부는 방관하고 규제기관은 침묵한 끝에 TBS는 철저히 고립되었다.

　TBS는 단지 피해자가 아니라, 하나의 선례가 되었다. 권력은 그 실험을 무너뜨림으로써 "불편한 언론은 제거될 수 있다"는 전례를 남겼다. 예산을 끊고, 조례를 폐지하고, 출연기관 지정을 해제하며 언론을 해체하는 방식은 서울이라는 수도를 넘어 전국 어디서든 반복 가능한 모델이 되었다. 그래서 이 싸움은 결코 TBS만의 싸움이 아니다. TBS가 지켜온 가치는 단지 예산이나 프로그램이 아니었다. 그것은 "권력에 불편한 목소리도 사라져서는 안 된다"는 민주주의의 최소 원칙이었다. 그리고 그 목소리를 제도 안에서 지켜낼 수 있어야 한다는, 제도에 대한 신뢰였다. 이 신뢰가 깨진 지금, TBS의 싸움은 언론인만의 싸움이 아니다. 언론의 자유를 믿는 시민 전체의 싸움으로 확장되었다.

우리는 이 싸움을 멈출 수 없다. 왜냐하면 이 싸움은 TBS의 것이 아니라, 우리가 살아가야 할 민주주의의 것이기 때문이다. 지금 우리가 해야 할 일은 기록하고 증언하는 것이다. 망각은 권력자의 가장 강력한 무기이고, 기록은 시민의 가장 오래된 저항 방식이다. 이 책은 그 저항의 기록이며, 동시에 되살아나는 목소리다.

13장
내가 진짜로 하고 싶은 말들

여기서부터는 논리보다 감정이 먼저고,

체면보다 진심이 앞설 것이다.

누군가는 불편할 수도 있다.

괜찮다. 그 불편함을 감수하고라도 이 말은 꼭 해야겠다.

"정말 돌아버리게 미친 세상이었다"

우리는 정신줄을 놓지 않아야 했다

어느 날부터, 똑바로 살아 있다는 것이 이상한 일이 되어버린 시대를 살았다. 법은 법 같지 않았고, 말은 언제나 다른 뜻으로 해석되어야 했고, 진실은 조롱당했다. 가짜는 확성기를 얻었고, 진짜는 블라인드 속에서 짓밟혔다. 그 모든 한복판에서, 나는 단 하나의 것을 붙들고 있었다. 정신. 미쳐버린 사회 속에서, 나만은 미치지 않겠다는 의지. 아니, 버텨내고 싶다는 간절한 바람. 나는 매일 이렇게 되뇌었다.

"나만 미친 걸까? 나는 도저히 못 견디겠는데, 왜 다들 잘 견디는 걸까?"

정상이 비정상처럼 취급되는 사회에서, 정신을 놓지 않으려는 사람은 필연적으로 외톨이가 된다. 그래서 혼잣말처럼 글을 썼다.
"이건 잘못된 거다"
"이건 말이 안 된다"
"이건 나라가 아니다"

누군가에게, 아니, 나 자신에게라도 설명하려고.

국회에 총을 겨눈 계엄군을 두고도, 몇 달째 아무 일 없던 듯이 돌아가는 세상을 보며, 나는 묻고 또 물었다.

"도대체 언제부터 이렇게 된 거지?"
"이게 진짜 현실이 맞는 거야?"

정치는 멈췄고, 사법은 길을 잃었고, 언론은 조용했고, 시민은 자책했다.

'온전한 정신으로 버티기 힘든 지랄발광의 세상'

그 말이 내 안에서 너무 크게 울려서, 반드시 기록해야 했다. 누군가는 끝까지 정신을 붙들고 있어야 했다. 나 혼자라고 생각했지만, 사실 우리였다. 우리는 서로 알지 못한 채, 그러나 같은 싸움을 하고 있었다. 그 싸움은 거창한 혁명이 아니라, 정신을 놓지 않기 위한 조용한 전쟁이었다. 그 전쟁에서 내가 택한 무기는, 욕설이 아니라 문장이었고, 포기가 아니라 증언이었다. 나는 이 글을, 이 미친 세상을 끝내 미치지 않고 건너온 모든 사람들에게 바친다.

그리고 마지막으로, 우리에게 조용히 묻는다.

"당신은 어떻게 살아남았나요?"

정치가 통째로 사라졌다

어느 날, 나는 이 사회에서 정치가 완전히 사라졌다는 사실을 깨달았다. 윤석열은 정치를 하지 않았다. 정확히 말하자면, 아예 하지 않았다. 그리고 그 공백은 곧바로 사회의 붕괴로 이어졌다.

정치는 갈등을 조율하는 기술이다. 정치는 입장이 다른 이들이 같은 공동체 안에서 공존할 수 있게 만드는 말의 구조이자 절차의 기술이다. 정치는 타협이고, 조정이며, 공동체를 유지하기 위한 가장 인간적인 방식이다. 하지만 윤석열은 대화하지 않았다. 당선 이후 단 한 번도 야당과 협치하지 않았고 시민의 요구에 응답하지 않았다.

그는 오직 '법'을 들이밀었다. 그 법은 법치가 아니라, 사적 의지를 정당화하는 포장지에 불과했다. 시행령으로 통치했고, 검찰로 압박했고, 제도로 상대를 찍어 눌렀다. 정치는 사람을 살리는 것인데, 그는 사람들의 입을 닫게 만들었고 호흡을 끊게 만들었으며 불붙은 분노 위에 기름을 들이부었다. 이 모든 파괴의 바닥에는 '정치의 실종'이 있었다. 그제서야 나는 알게 되었다. 정치가 없으면 이 사회가 어떻게 되는지를. 정치를 하지 않는 대통령이란 존재가, 한 국가를 얼마나 위험하게 만드는지를.

윤석열은 법을 지키지 않았다. 그는 법을 재해석했고, 유린했고, 해체했다. 그가 말한 '법대로'는 단지 권력을 휘두르기 위한 명분이었고, 그 안에 담긴 것은 폭력과 복수, 통제였다. 대통령이 정치를 하지 않으니, 국회는 무시당했고, 시민은 분열되었으며, 사법부는 침묵했다. 삼권분립은 껍데기였다. 입법은 막혔고, 사법은 고개를 숙였고, 행정은 폭주했다. 나는 그 풍경을 보며, 마치 부모가 사라진 집처럼, 모든 것이 무너지는 기묘한 무정부 상태를 느꼈다.

정치는 "그건 법적으로 가능하다"는 말 앞에, "하지만 그럼에도 해서는 안 된다"는 윤리를 말해주는 유일한 통로였다. 정치가 사라진 자리에는 껍데기만 남았다. 법은 있었지만, 정의는 없었다. 제도는 작동했지만, 신뢰는 무너졌다. 그리고 우리는 그 고통 속에서 다시 배웠다. 정치는 왜 필요한지를.

정치는 책임을 지겠다는 의지다.

정치는 공동체가 서로를 지켜내는 방식이다.
정치는 말이 아닌 사람을 위한 결단이다.

그것이 없던 시간, 우리는 처음으로 깨달았다.
정치는 선택이 아니었다. 전제였다.
정치는 있어도 되고 없어도 되는 것이 아니었다.
정치는, 사라지는 순간 모든 것이 무너지는 토대였다.

모든 기관이 사정기관이었다

"법은 만인에게 평등해야 합니다.
그런데 지금 대한민국의 법은,
만 명에게만 평등합니다."

-故 노회찬 의원

윤석열 정권 3년, 대한민국에서 '법'은 더 이상 정의의 기준이 아니었다. 법은 정의를 구현하지 않았고, 오히려 정의를 제거하는 데 쓰였다. 법이 아니라 칼이었다. 정권은 '법을 지킨다'고 말했다. 그러나 실상은 법을 휘둘렀고, 그 칼날은 비판적 언론과 노조, 야당과 시민에게 향했다. 기소는 정치적 제거 도구였고, 압수

수색은 권력의 경고였다. 손해배상 소송은 침묵을 강요하는 족쇄였고, 징계는 표현의 자유를 가두는 감옥이었다. 모든 사정기관이 동시다발적으로 움직일 때, 그것은 더 이상 법의 집행이 아니었다. 그건 정치적 암살에 가까운 작전이었다.

행정기관조차 사정기관처럼 움직였다. 방송통신심의위원회는 권력의 심기를 거스른 방송에 법정제재를 내렸고, 방송통신위원회는 2인 체제로 공영언론을 넘겼다. 감사원은 '독립기관'이라는 명분을 내세운 채, 사실상 정치 감찰을 수행했다.

이 모든 기획의 정점에는 대통령이 있었다. 그는 스스로를 '헌법정신의 수호자'라 불렀지만, 실제로는 모든 기관을 정권 유지를 위한 병참기지로 만들었다. 법과 절차는 폭력의 형식을 감추기 위한 장식이었다. 법은 이제 공공재가 아니었다. 권력의 반대편에 서는 순간, 그 법은 누구에게나 폭력이 되었다. 법의 존재 자체가 아니라, 그 법을 휘두르는 자의 의도가 법의 본질을 결정했다. 그리고 그 본질은, 이 정권 하에서 철저히 권력의 연장이었다.

나는 절망했다. 법이 사람을 지키는 것이 아니라, 정권을 지키기 위해 존재할 수 있다는 사실. 법이 평등의 이름을 걸고, 불평등을 조직할 수 있다는 현실. 법이 모두의 것이라 배웠지만, 실은

'그들의 것'이었음을 절감한 순간들. 그리고 무엇보다, 법 자체는 문제가 없어도 악인의 손에 들어간 법은 흉기가 될 수 있다는 사실. 그 진실을 우리는 너무나 분명히 목격하고 있다. 그래서 다시 묻게 된다.

법은 누구의 것인가.
법은 누구를 지켜야 하는가.
우리는, 그 법을 다시 믿을 수 있는가.

권력은 물리력으로 입을 틀어막았다

우리는 말이 늘 자유로울 수 있다고 믿어왔다. 하지만 지난 몇 년 동안, 그 믿음은 철저히 흔들렸다. 언어는 지워졌고, 해석은 통제되었으며, 생각은 위축되었다. 표현의 자유는 법에 명시된 권리였지만, 현실에선 권력의 기분과 맥락을 살펴야만 허용되는 특권이 되었다. 그 시작은 단 하나의 문장이었다.

2022년 9월, 대통령의 발언
"이 XX들이 승인 안 해주면, 바이든은 쪽팔려서 어떡하나."

이후 대한민국은 집단적으로 '듣기 평가'를 치렀다. 대통령실은 "'바이든'이 아니라 '날리면'이었다"고 해명했고, 언론과 시민은 단어 하나를 놓고 국가적 차원의 언어 논쟁에 휘말렸다. 발언의 맥락이나 정치적 함의보다, 소리의 해석만이 문제의 본질처럼 반복됐다. 이 해프닝은 단순한 말실수 논란이 아니었다. 권력이 언어를 통제하는 방식이, 이 장면에서 최초로 본격 작동한 것이다. 대통령의 음성은 무해한 것으로 재해석되었고, 국민의 상식은 오히려 의심의 대상이 되었다. 그 직후부터 말은 더 이상 자유롭지 않았다. 곧바로 대통령 전용기 탑승에서 MBC 기자단이 배제됐다. 진행자의 멘트, 자막, 표정, 풍자 하나까지 방송통신심의위원회의 '정치적 심의' 대상이 되었다. 방송은 점점 무해한 것만을 말하게 되었고, 자율성은 위축되었으며, 제작자들은 자율 검열을 일상화했다. 표현의 자유는 헌법에만 존재할 뿐, 현실에선 점점 줄어들고 있었다.

2024년 2월, KAIST 졸업식장에서 열린 대통령 행사

한 졸업생이 "R&D 예산 복원"을 외치자, 경호원은 그의 입을 틀어막고 온몸을 제압했다. 그 직전에도 비슷한 일이 있었다. 한 야당 국회의원이 대통령에게 정책 전환을 요구하자, 역시 경호원은 그의 입을 틀어막고 현장에서 퇴장시켰다. 이 장면은 상징적이었다. 이 정권은, 말이 불편하면 '논박'이 아니라 '억압'으로 대응했다. 물리력을 동원해서라도 입을 닫게 만들고자 했다.

그런데 역설적이게도, 대통령의 말은 아무런 제재도 없이 퍼져 나갔다.

"압사? 뇌진탕 같은 거겠지."

"왜 미리 대피하지 않았나."

그 말들은 논란이 되었지만 책임은 없었고, 문제 삼는 이는 오히려 과민반응 취급을 받았다. 이중잣대였다. 시민의 말은 틀어막고, 권력의 말은 해명해 줬다. 시민의 비판은 조롱당했지만, 대통령의 실언은 실수로 덮였다. 그리고 이 모든 이중성이 제도적으로 작동했다. 언론은 위축되었고, 방송은 침묵했고, 시민은 스스로 말을 삼켰다. 우리는 여전히 묻고 있다.

이 시대는 왜 말을 물리적으로 억압했는가?

표현의 자유는 왜 제도 바깥으로 밀려났는가?

왜 권력자는 말의 책임에서 면제되는가?

지금 이 시대의 불안은 단순한 감정이 아니다. 그것은 제도화된 통제 속에서 비롯된, 구조적 현실이다. 말이 사라지는 사회에서, 표현의 자유는 마지막 민주주의다. 말을 잃는 순간, 정치는 곧 폭력으로 이어진다. 그리고 그 침묵은, 우리 모두의 위험이다.

〈뉴스공장〉은 편파적이지 않았다

정말 묻고 싶다.
〈김어준의 뉴스공장〉이 더 편파적인가,
아니면 이 사회가 더 편파적인가.

윤석열 정권은 방송사의 예산을 무기 삼아 편성과 방향을 통제했다. 정권을 비판하는 언론은 반복해서 제재와 배제를 당했고, 방심위는 비판적 발언 하나에도 법정제재를 가했다. 합의제 기구는 무력화됐고, 야당 대표는 연이어 소환당했으며, 대통령 가족은 어떤 책임도 지지 않았다. 그 모든 과정에서, 권력은 '시민의 명령'이라는 이름으로 자신의 폭력을 정당화했다. 이것이 과거 대한민국의 공론장이었다. 이런 상황을 '기계적 중립'이라는 시선으로만 보도하는 것이 정말 더 객관적일까?

〈뉴스공장〉은 청취율 1위 방송이었다. 매일 아침, 수백만 시민들은 그 방송이 제기하는 질문을 통해 세상을 해석할 수 있는 힘을 얻었다. 그것은 특정 확신을 강요하는 방송이 아니었다. 공영방송이라는 틀 안에서, 다양한 목소리와 비판적 시선을 공적 책임과 함께 제공한, 드물고도 소중한 플랫폼이었다. 〈뉴스공장〉은 기울어진 운동장 위에 놓인 '작은 수평계'였다. 균형이란 단순히 양쪽을 똑같이 다루는 것이 아니라, 기울어진 판을 바로잡기 위해 일부러 더 기울여야 하는 '역방향의 용기'였다. 그 역할을 〈뉴스공장〉이 수행했다.

정치적 다원주의가 무너진 공간에서, 시민이 '판단할 수 있는 조건'을 제공했던 방송. 〈뉴스공장〉이 있었기에, 정권의 전횡에 질문을 던지는 감각이 유지될 수 있었다. 그 방송을 없앤 것은 프로그램 하나를 없앤 것이 아니다. 공영방송 안에 존재하던 유일한 질문, 유일한 저항을 지운 것이다. 지금 〈뉴스공장〉이 유튜브에만 존재하는 현실은, 공영방송이 없는 세계의 예고편일지도 모른다. 〈뉴스공장〉은 편파적이지 않았다. 적어도 이 미친 세상보다는 훨씬 더 공정했다.

〈뉴스공장〉은 지상파에 있어야 했다. 그 목소리가 유튜브에만 남겨졌을 때, 우리는 '자유'라는 말 뒤에 숨어 공적 책임을 민간에 떠넘기고, 공론장을 시장에 내맡겼다. 그리고 그 결과, 토론은 사라졌고, 책임은 분산됐으며, 분열은 심화됐다. 다양한 목소리야말로 공영방송 안에 있어야 한다. 공적 책임과 시민의 감시 안에서, 사회 전체의 신뢰를 감당하면서 존재해야 한다. 그 목소리를 밖으로 쫓아낸 순간, 우리는 더 이상 공론장의 규칙을 공유할 수 없는 사회로 밀려나게 된다.

그래서 나는 거꾸로 말한다. 〈뉴스공장〉이 공영방송 안에 존재했던 시간들. 그건 우리 사회가 여전히 민주주의의 자격을 가지고 있었다는 증거였다. 우리는 스스로 그 울타리를 무너뜨렸다. 더 안전한 사회를 원한다면, 목소리를 삭제할 것이 아니라 공영방송 안에서 공적으로 존재하게 해야 한다. 책임을 지우고, 감시를 가능하게 하고, 공론장을 지키는 방식으로.

〈뉴스공장〉은 라디오에 있었어야 했다. 지상파로 울려 퍼졌어야 했다. 그래야 우리 모두가 더 안전했을 것이다.

팩트는 목적이 아니라 시작이다

기획기사도 있고, 탐사보도도 있다. 하지만 우리가 매일 마주치는 대부분의 뉴스는 단문 스트레이트와 속보 경쟁으로 채워져 있다. 팩트는 중요하다. 그러나 시민은 묻는다.

"그다음은 왜 없는가?"

팩트는 저널리즘의 목적이 아니다. 그건 출발선일 뿐이다. 어떤 발언이 있었는지, 어떤 사건이 벌어졌는지를 전하는 것만으로 저널리즘이 완성된다면, 기자는 이미 인공지능으로 대체됐을 것이다. 기자가 필요한 이유는 그다음에 도달하기 위해서다. 말의 맥락을 풀고, 구조를 드러내고, 권력을 해석하는 것. 그것이 기자의 존재 이유다.

지금 대한민국 언론은 "팩트만 전했다"는 말로 책임을 회피한다. 그 말엔 "적어도 틀린 말은 안 했잖아요"라는 무해한 척하는 방패가 숨어 있다. 그러나 시민은 안다. 무해한 침묵이야말로 가장 유해하다.

팩트에만 머문다는 건, 그 사실이 가진 권력 구조를 외면하는 것이다. 권력자의 발언을 따옴표로 옮기고, 반대 주장을 맞춰 실으며 '균형'을 흉내 낸다. 하지만 그것은 진실의 균형이 아니라, 기사의 평면성이다. 사회가 기울어졌다면, 언론은 그 기울기를 보여줘야 한다. 기울어진 운동장을 중립으로 포장하는 것, 그것이야말로 언론의 본질을 포기하는 일이다. 팩트를 나열한 다음, 아무것도 설명하지 않으면 그 공백은 유튜브가 메운다. 기자가 해석하지 않은 세계를 유튜버가 설명하고, 기자가 던지지 않은 질문을 유튜버가 대신 묻는다. 유튜브는 언론의 실패 위에 자란다. 문제는 유튜브가 아니다. 그 자리를 내준 언론이다.

우리는 방향을 원한다. 관점을 원한다. 해석을 원한다. 진실이 어디로 가야 하는지, 그 방향을 함께 고민할 언론을 원한다. "팩트는 이렇다" 말하고 돌아서지 말고, "그래서 이건 어떤 의미인가"까지 가달라고 요구하고 있다.

〈뉴스타파〉가 신뢰를 얻고, 〈뉴스공장〉이 사랑받은 건 그들이 옳았기 때문이 아니다. 비겁하지 않았기 때문이다. 질문했고, 해석했고, 책임졌다. 팩트에 머물지 않았고, 그다음을 고민했다. 시민은 완벽함보다 방향 감각에 대한 성실함을 신뢰한다. 팩트는 시작이다. 그다음이 없다면, 언론도 기자도 없다. 지금 우리는 기자라는 존재의 고유성을 다시 묻고 있다. 그 고유함은 어디서 오는가? 해석에서, 맥락에서, 질문에서 온다. 팩트만 있는 기사는 다이제스트일 뿐이다. 그 기사로는 이 사회를 이해할 수 없다. 기자는 사회적 해석자여야 하고, 언론은 그 팩트의 방향을 고민하는 존재여야 한다. 그렇지 않으면, 언론은 자신의 자리를 플랫폼에 내준다. 유튜브, 틱톡, 인스타그램은 기자가 비운 해석의 자리를 재조립한다. 수천만 클릭은 그들에게 '해석권'을 부여한다. 그러나 플랫폼은 책임지지 않는다. 알고리즘은 윤리를 따지지 않는다. 그 공백을 되찾아야 하는 건, 언론이다.

'중립적이어야 한다'고 기자들은 자주 말한다.

그러나 기계적 중립은 공정이 아니다. 가해자와 피해자의 말을 똑같이 실었다고 공정한가? 사실관계를 무너뜨리는 주장을 '또 다른 시각'이라며 병치한다고 객관적인가? 중립은 태도의 문제일 수 있지만, 공정은 진실에 도달하려는 윤리의 문제다. 기자는 팩트와 함께, 그 팩트가 위치한 권력의 구조를 함께 보여줘야 한다. 무엇이 본질이고, 어떤 말이 무책임하며, 어떤 구조가 반복되고 있는지를 알려줘야 한다. 그것이 팩트를 넘은 저널리즘이다.

시민들은 요구한다.
더 용감한 언론을.
더 성실한 해석을.
더 정확한 판단을.
더 강한 책임을.

기자는 사실을 비추는 손전등이 아니다. 진실의 방향을 비추는 등대여야 한다. 지금, 우리는 그 등대를 기다린다. 정직한 말로, 두려움 없는 해석으로, 이 어두운 시대를 함께 건너갈 언론을 기다린다.

〈이어즈&이어즈〉와 디스토피아적 세계

BBC와 HBO가 공동 제작한 근미래 드라마 〈이어즈&이어즈〉는 브렉시트 이후 15년간의 영국 사회를 그린다. 그 안에서 우리는, 공영방송이 사라진 사회가 어떻게 무너지는지를 잔혹할 정도로, 구체적으로 목격하게 된다. 드라마의 전환점은 단순한 정권 교체가 아니다. 결정적인 장면은 BBC의 폐쇄다.

"국민의 세금을 선동 방송에 낭비할 수 없다."

그 말로 시작된 조치는 공영방송의 축소였고, 끝내는 폐쇄였다. 진실의 무대가 사라지자, 사회는 곧장 막말과 선동, 통제와 폭력의 구조로 전환된다. 나는 그 장면에서 TBS를 떠올렸다. 서울시는 예산을 끊고, 시의회는 조례를 폐지하고, 방심위는 표적 심의를 감행하며 말했다.

"편향된 방송은 필요 없다."

그 말은 극우 포퓰리스트 비비안 룩(엠마 톰슨)이 BBC를 해체하며 내뱉은 말과 다르지 않았다. 그리고 우리는 이미 현실에서, 그 말을 들었다. 다만 많은 이들이, 그것이 단지 한 방송사의 일시적인 위기라고 여겼을 뿐이다. 그러나 〈이어즈&이어즈〉는 말한다. 공영방송이 닫히는 순간은 민주주의가 호흡을 멈추는 순간이다. BBC가 폐쇄된 이후, 사회는 빠르게 무너진다. 공공요금은 폭등하고, 언론은 사라지고, 난민은 격리되고, 시민은 감시당하고, 가장 기본적인 권리는 '정치적 효율성'이라는 명분 아래 소거된다. 비비안 룩 총리의 막말은 곧 정책이 되고, 혐오는 법이 된다. 그 한가운데, 공영방송의 부재가 결정적이었다. 왜냐하면 공영방송은 단지 뉴스를 전달하는 기계가 아니기 때문이다.

공영방송은 권력을 감시하고, 진실의 기준을 세우며, 시민이 현실을 해석할 수 있도록 연결망을 제공하는 사회적 기반 구조다. 그 구조가 무너지는 순간, 모든 정보는 권력의 언어로만 유통되고, 모든 말은 알고리즘의 감정 자극 순으로만 정렬되며, 모든 진실은 "각자의 것"으로 해체된다. 〈이어즈&이어즈〉에서 BBC가 폐쇄되던 장면은 조용했다. 하지만 그 침묵은, 디스토피아의 문이 열리는 소리였다. 그리고 우리는 그 장면을, 이미 TBS에서 겪고 있다. 이것이 정말 마지막일까? TBS 다음은 어디인가? 공영방송이 사라지면, 진실은 다수가 아니라 권력이 정한다. 해석은 사라지고, 시민은 각자의 진실 속에 고립된다. 그날 이후, 우리는 모두 알고 있었다. 진실이 사라지는 일은 언제나 조용히 시작된다는 것을.

공영방송 지배구조는 왜 중요한가

"이젠 콘텐츠도 없고, 영향력도 없고, 시민의 관심도 없다."

사람들은 종종 TBS를 살릴 방법이 없다고 말한다. 그래서 서울시 정권이 바뀌기 전까진 아무것도 할 수 없다고 말한다. 하지만 나는 그렇게 생각하지 않는다. TBS는 공영방송 해체가 어떻게 완결되는지를 보여준 최초의 사례. 정권이 조례를 폐지하고, 예산을 끊고, 편성에 개입하고, 법적으로는 살아 있지만 기능적으로는 숨을 멈춘 방송. 이것은 예외가 아니라, 다른 공영방송들이 '지금도 겪고 있는 미래'다.

지금 KBS도, MBC도, EBS도 YTN도 흔들리고 있다. 권력이 바뀔 때마다 이사회가 흔들리고, 그때마다 보도 방향이 바뀌고, 그럴 때마다 진실은 잠시 멈추거나, 돌아서거나, 침묵 당한다. 그럼에도 아직은 버티고 있다. 시민의 주목 안에서, 여론의 감시 속에서. 하지만 TBS는 더 이상 그렇게 보호받고 있지 않다. '이미 폐허가 된 공영방송'이라는 말이 공공연하게 소비되고 있다. 그래서 더 조용히, 더 철저히, 공영방송은 해체될 수 있다는 것을 우리는 TBS를 통해 배웠다.

공영방송이 진짜 공영방송이기 위해 필요한 것은 새로운 콘텐츠나 기술이 아니다. 정권이 바뀌어도 흔들리지 않는 구조, 시민이 납득할 수 있는 투명한 지배구조, 그것이 바로 지금, 가장 시급한 개혁이다. 이사 선임과 해임이 정치권의 눈치로 결정되고, 그에 따라 사장이 바뀌고, 편성과 보도가 달라지고, 결국 진실이 정권의 이해에 종속되는 구조, 이것은 공영방송을 '공적'으로 보이게 할 뿐 실제로는 정권의 도구로 만드는 방식이다. 이대로 두면, 공영방송은 '국민의 세금으로 운영되는 정권 홍보처'라는 가장 위험한 오해를 스스로 실현하게 된다.

우리는 지금, 공영방송이 사라지면 어떤 일이 벌어지는지, TBS를 통해 목격했다. 이것은 경고다. 다른 공영방송들도, 이대로면 그렇게 될 수 있다는 경고. 그렇기에 TBS는 서울시 정권이 바뀌어야만 회복 가능한 대상이 아니다. 전국의 공영방송이 지켜야 할 시스템 개혁의 시작점이 되어야 한다. 지금 TBS를 '복원'하는 것이 아니라 공영방송의 새로운 모델로 '재건'하는 것, 그것이야말로 지금 가장 시급하고도 상징적인 개혁이다.

공영방송은 진실을 가장 먼저, 그리고 가장 멀리까지 비춰야 하는 거울이다. 그 거울이 깨지면, 우리는 서로의 얼굴을 알아보지 못한다. 고통도, 분노도, 희망도 공유하지 못하게 된다. 공영방송을 다시 살리려면 단단한 지배구조부터 회복해야 한다.

정치권이 손댈 수 없는 구조,
시민이 감시할 수 있는 구조,
진실이 보호받을 수 있는 구조.

TBS는 그 개혁이 왜 절박한지를 증명하고 있다. 다음은 어디인가. 그 질문에 답하려면, 우리는 바로 지금부터 TBS를 다시 이야기해야 한다.

내란과 알고리즘

내란은 어느 날 갑자기 벌어진 일이 아니다. 그건 몇몇 정치인의 선동이나 극단적인 주장 하나만으로 발생한 일이 아니다. 그건 천천히, 조용히 그러나 아주 치밀하게 다가온 일이다. 무지와 오해, 음모론과 조작 정보가 차곡차곡 쌓이고, 그 정보가 반복되고 확신으로 강화되면서 사람들은 어느 순간, 자기 안에 자리 잡은 믿음을 '사실'로 착각하게 되었다. 그리고 그 과정 뒤에는 유튜브 알고리즘이라는 조용한 조종자가 있었다.

유튜브 알고리즘은 자유롭게 보인다. 내가 좋아하는 영상을 알아서 골라주고, 내가 관심 있어 할 만한 주제를 추천해 준다. 겉보기엔 '선택의 자유'처럼 느껴진다. 그러나 그건 선택의 자유가 아니라 반복의 굴레다. 과거에 내가 어떤 영상에 머물렀는지, 어떤 제목을 클릭했는지, 어디에 '좋아요'를 눌렀는지를 기준으로 알고리즘은 같은 종류의 영상을 또 보여준다. 그렇게 알고리즘은 나를 '내가 이미 믿고 있는 세계' 안에 가둔다. 점점 더 한쪽으로 기울어진 정보만 보고, 반대 의견은 아예 보이지 않게 된다.

결국 사람들은 이렇게 믿는다.
"내 생각이 옳다."
"나와 다른 생각은 틀렸다."
"틀린 사람은 위험하다."

예를 들어 보자. 누군가가 "부정선거"라는 키워드를 검색하거나, "공산당이 침투했다"는 영상에 관심을 보이면 알고리즘은 그 사람에게 "선거조작의 증거", "북한 연루설" 같은 영상만 끝없이 보여준다. 한 번 의심이 시작되면 그 의심을 증명해 주는 콘텐츠만 보게 되는 것이다. 이렇게 사람들은 확신만을 키우고, 비판은 보지 못하며, 질문은 사라진다. 이게 바로 알고리즘이 만들어낸 '반복된 고립의 방'이다.

이건 단지 개인의 편향 문제가 아니다. 우리 사회 전체의 문제다. 윤석열 대통령 본인부터가 유튜브만 본다는 얘기가 나올 정도였다. 대통령실과 고위 관료들, 비서관들이 공식 보고서보다 유튜브 영상을 신뢰하고, 비슷한 세계관을 가진 사람들로만 권력 구성을 채웠다. 권력의 최정점이 '확신'으로만 운영되기 시작했다. 그 확신은 누구도 검증하지 못했고, 그 확신은 언론과 시민을 배제한 채 강화됐다. 동시에, 이런 위험한 흐름을 막아야 할 공영언론은 그 기능을 거의 잃고 있었다. TBS는 서울시로부터 예산이 끊겼고, 방심위는 특정 발언 하나만으로 법정제재를 가했다. KBS와 YTN도 정권의 입맛에 맞는 인사들로 이사회가 채워졌고, 제 역할을 하지 못한 채 흔들렸다. 그 결과, '질문을 던지고, 사실을 해석하고, 시민에게 맥락을 전해야 할' 공영언론의 자리는 텅 비게 되었다. 그 빈자리를 채운 건 알고리즘이었다. 내란이 일어난 건 여러 조건이 겹친 결과였다. 정권의 독단, 사법의 후퇴, 시민사회의 탈진, 가짜뉴스의 확산 등 그중 하나가 공영언론의 침묵이었다.

공영언론이 살아 있었다면, 정확한 정보와 윤리적 분석이 계속 제공되었다면, 극단으로 치닫던 확신은 중간에서 한 번쯤 멈출 수 있었을지도 모른다. 내란까지 가지는 않았을 수도 있다. 공영언론은 진실을 정제된 언어로 설명하고, 허위 정보를 정면으로 반박하며, 공론장을 지키는 마지막 제어장치이기 때문이다.

알고리즘은 멈추지 않는다. 시청 시간, 클릭 수, 전환율, 광고 수익, 그 모든 구조는 정보가 아닌 반응에 최적화되어 있다. 그래서 더 자극적이고, 더 선동적인 말이 위로 올라간다. 그 흐름은 막을 수 없다. 그러나 최소한, 진실이 출발하는 곳은 있어야 한다. 공영방송, 책임 있는 언론, 검증 가능한 미디어 생태계, 그게 없다면, 모두가 진실을 말한다고 주장하는 세상에서 진짜 진실은 아무도 말하지 않게 된다. 총이 내란을 일으키는 게 아니다. 총을 들게 만드는 믿음, 그 믿음을 만든 정보 - 그것이 내란을 만든다. 그리고 그걸 방어할 수 있는 건 정보에 윤리를 입히는 힘, 그 윤리를 지켜내는 공영미디어의 구조다. 공영언론이 사라질수록 우리는 모두 '확신의 방'에 갇힌다. 그곳에선 누가 옳고 그른지를 따지기 전에, 우리가 서로를 알아보지 못하게 된다.

TBS는 충분히 고통받았다

나는 이 부분을 열 번쯤 썼다 지웠다를 반복했다. 우리가 왜 싸울 수 없었는지를 하나하나 적다 멈췄고, 관뒀다. 그건 너무 공급자적인 태도라는 생각이 들었다. 차라리 내 마음 깊숙이만 간직하자고 다짐했다.

그럼에도, 이 말만은 하고 싶다.

TBS는 이미 깊은 상처를 입었다. 예산이 끊기고, 프로그램이 폐지됐으며, 구성원들은 해고와 퇴사, 징계를 감당해야 했다. 조직의 침묵을 비판하는 목소리도 있었다. 싸우지 못했다는 지적, 더 단호하지 못했다는 회한이 따라왔다. 그러나 이제는 분명히 짚어야 한다. 우리는 잘못이 없었다고 말하려는 것이 아니다. 다만, 그동안 우리가 겪은 고통이 이미 충분했다는 점 그리고 이 사태의 근본 원인은 결코 TBS 내부에만 있지 않다는 점을 분명히 해야 한다.

정권은 TBS를 분명히 타깃으로 삼았다. 서울시는 예산을 계획적으로 삭감했고, 서울시의회는 조례 폐지를 통해 제도적 기반을 무너뜨렸다. 방심위와 방통위는 반복적인 제재를 가했고, 그 과정에서 표현의 자유와 언론의 자율성은 침해되었다. 이 모든 것은 정치적 기획의 결과였다. 그럼에도 불구하고 많은 비판이 오히려 내부를 향했다. 무기력한 조직, 침묵하는 구성원, 지켜내지 못한 공영방송이라는 말들이 넘쳐난다. 그러나 책임을 묻는 일은 분명한 순서를 가져야 한다.

가장 먼저 비판받아야 할 것은, 의도적으로 해체를 기획하고 실행한 권력이다. TBS가 싸우지 못했던 이유는 단지 의지의 문제가 아니라, 구조의 문제였다. 충분한 보호장치 없이 압박을 받았고, 제도적 독립성과 내부 자율성을 갖추지 못한 채 해체의 위기를 맞았다. 그 점에서 TBS 사태는 한 방송사의 실패가 아니라, 우리 사회가 공영방송을 얼마나 쉽게 흔들 수 있는지를 보여주는 하나의 증거다. 우리는 이제 방향을 바로잡아야 한다. 책임을 묻되, 그 방향이 정확해야 한다. 내부의 회고는 필요하지만, 정조준은 결코 흐려져서는 안 된다.

그리고 우리는 이제 가장 분명한 질문을 다시 던져야 한다. 이 모든 해체의 시작은 어디에서 비롯되었는가. 누가 지시했고, 누가 묵인했으며, 누가 실행했는가. 그 과정에서 권력은 어떻게 언론을 통제했고, 제도는 어떻게 침묵했는가. 우리의 비판이 안쪽을 향할수록, 바깥의 권력은 무사해진다. 정작 해체를 기획하고 집행한 이들은 책임의 그늘로 물러서고, 피해자는 침묵을 강요받는다. 그래서 이 싸움은 단순한 복원이나 반성의 문제가 아니라, 정확한 타격 지점을 잃지 않는 싸움이다.

정치가 언론을 공격할 때, 우리가 겨눠야 할 방향은 내부가 아니라 권력이다. 우리가 잃지 말아야 할 것은 분노가 아니라, 그 분노의 정확도다. 그 정조준이 흐려질 때, 그들은 또다시 가장 약한 고리부터 무너지게 할 것이다. 이제는 분명히 말해야 한다. 우리가 싸워야 할 대상은, 처음부터 지금까지 단 한 번도 바뀐 적이 없다. 해체를 지시한 권력, 그 권력에 협조한 자들 그리고 그 체계를 가능하게 만든 구조 자체다. 우리는 그곳을 향해 싸워야 한다.

에필로그

나는 후회가 없도록 썼다

나는 TBS가 가여웠다.

그토록 사랑받던 방송사가 무너지는 과정을, 우리는 고스란히 지켜봐야 했다. 당시 우리는 수많은 오해와 공격 속에 있었고, 때로는 그 어떤 말도 허락되지 않았다. 말하고 싶은 게 많았다. 하지만 오래도록 제대로 말하지 못했다. 왜 이 사태가 시작됐고, 왜 그렇게 집요하게 지속됐으며, 누가 우리를 짓눌렀는지를 말하려면, 결국 〈김어준의 뉴스공장〉을 언급해야 했다.

하지만 안에서도, 밖에서도 〈뉴스공장〉은 금기였다. 그 누구도 그 단어를 입에 올리려 하지 않았다. 그 분위기 속에서, 나도 입을 닫았다. 그 침묵은 고통이었고, 자책이었으며, 외로움이었다.

TBS는 언제부터인가, 서로 정반대의 이야기 속에서 전혀 다른 모습으로 그려지기 시작했다. 하나는, 김어준을 내쫓고도 결국 아무것도 지켜내지 못한 방송사. 스스로 영웅을 버리고 몰락한, 자업자득의 이야기. 다른 하나는, 김어준이라는 '악인'을 시민 세금으로 키우고, 막대한 출연료를 퍼주며 편파방송을 일삼은 방송사. 폐지되어 마땅하다는, 응징의 이야기. 이 두 이야기는 우리를 점점 현실에서 밀어냈고, 결국 우리는 이야기 밖으로 쫓겨났다.

살아남기 위해 안간힘을 썼지만, 그 모습마저 실망스럽다는 평가를 받았다. 내부에서는 서로를 탓했고, 감당해야 했던 선택들 앞에서 자책했다. 그렇게 우리는 점점 더 조용히, 더 깊이 고립돼 갔다.

그 침묵의 시간 동안, 나는 쓰기 시작했다. 이건 단순한 기록이 아니다. 나는 이 책을 통해 TBS에 대한 변론을 시작하고 싶었다. 이 책은 내 이름을 걸고 쓴 고백이자 감정이고, 나의 관점이다. 날카롭고 예민하며, 때론 편파적으로 보일 수도 있다. 하지만 단 한 가지는 분명하다. 이 책은 진심으로 썼다. 여기에 담긴 판단과 표현, 언어와 감정에 대해 논쟁이 있을 수 있다. 오해였거나, 틀린 부분이 있다면 그 책임은 전적으로 나에게 있다. 하고 싶은 말은 거의 다 했다. 말해야 한다고 믿은 것들도 대부분 꺼내놓았다. 어떤 비판이 닥치든, 한 가지는 확실하다. 이 책을 쓰길 잘했다.

그리고, 그 길 위에서 우리는 결코 혼자였던 적이 없다는 것도 함께 기록해 두고 싶다. 때로는 오해 속에서도, 때로는 조심스러운 침묵 속에서도 우리를 이해하고 지지해 준 사람들이 있었다. 조용하지만 단단히 곁을 지켜 준 그들의 연대와 격려는 이 책의 문장을 가능하게 한 빛이자 온기였다. 누군가가 손 내밀어 준 그 순간들이 있었기에, 우리는 끝까지 걸어올 수 있었다.

무엇보다, 이 책의 시작점이 되어준 김현 의원에게 감사의 마음을 전한다. 무력감에 잠겨 있던 시기, 그의 말은 내게 하나의 전환점이 되었다. 그는 TBS가 방치되던 시절, 누구보다 적극적으로 TBS 사태를 주목했고, 가장 단단하게 곁을 지켜 준 몇 안 되는 동맹 중 한 사람이었다.

그리고 내가 속한 언론노조, 초기에는 갈등이 있었지만, 지금 우리는 더 분명한 방향으로 함께 나아가고 있다. 나는 이제 〈김어준의 뉴스공장〉을 숨기지 않고 말할 수 있고, TBS를 향한 탄압의 본질도 또렷하게 말할 수 있다. 언론 전체를 향한 비판이 불편하게 느껴질 수 있다는 것도 안다. 하지만 그 비판 속엔 분노만이 아니라, 애정과 기대도 있다.

그리고 동료들에게

우리는 시민과 소통하기 위해 끊임없이 고민했고, 최고의 프로그램을 만들기 위해 헌신했다. 그만한 역량과 자격이 있는 조직이다. 지금은 자조에 익숙해졌을지 몰라도, 이제는 거기서 나와야 한다. 우리는 충분히 잘했고, 잘해왔다. 이 책의 2장에서 말했듯, 우리는 좋은 방송사였고, 사랑받는 방송사였다. 다만, 시대가 우리를 허락하지 않았을 뿐이다.

나의 가족에게

전국언론노조 TBS지부장이 된 이후, 나는 가족과의 연락을 거의 끊고 지냈다. 커리어가 단절된 채, 월급 한 푼 받지 못하고 반백수처럼 지내는 자식을 지켜보는 일이 쉽지 않았을 것이다. 그럼에도 내 가족은 아무 말 없이 나를 감당해 주었다. 경제적으로, 정서적으로, 그저 묵묵히 지지해 주었다. 나는 한 번도 그 고마움을 충분히 표현하지 못했다. 이 자리를 빌려 깊은 고마움을 전하고 싶다. 이 책이 나의 동료들뿐만 아니라, 그 곁을 함께 견뎌준 가족들에게도 작은 위로가 되기를 바란다.

그리고 이 책의 마지막에, 나는 한 사람의 이름을 남기고 싶다. 신미희, 민주언론시민연합 사무처장. TBS가 단지 하나의 지역 방송이 아니라, 이 시대 언론탄압의 정중앙에 있다는 사실을 누구보다 먼저, 누구보다 깊이 이해해 주었던 사람이다. 내가 흔들릴 때마다 조용히 곁을 지켜 주었고, 말하지 않아도 같은 방향을 바라볼 수 있었다. 이 싸움을 끝까지 이어가고, 이 책을 완성할 수 있었던 이유를 단 한 사람으로 좁힌다면, 그건 그였다. 민주언론시민연합의 모든 활동가에게도 고맙다는 말을 전한다. 이 싸움은 결코 혼자서는 갈 수 없는 길이었다.

TBS를 지키려는 싸움은 어쩌면 이미 오래전에 졌을지도 모른다.

하지만 진실을 향한 기록은 반드시 남겨져야 한다고 나는 믿는다. 이 책은 승리의 보고서가 아니다. 그러나, 포기하지 않았던 사람의 기록이다. 나는 언젠가 이 책의 마지막 장을 다시 펼칠 날이 오리라 믿는다. 그날 누군가는 이 싸움을 이어가고 있고, TBS의 자리에 다시 공영방송이 서 있으며, 그날의 우리가 더는 후회하지 않아도 되는 사회가 되었기를, 그리고 그 미래가 온다면, 이 책이 그 씨앗 중 하나였기를 바란다.

TBS와 뉴스공장을 위한 변명

공장폐쇄

초판 2쇄 인쇄 2025년 7월 1일
초판 2쇄 발행 2025년 7월 8일

지은이 송지연
발행인 전익균

이사 정정오, 윤종옥, 김기충
기획 조양제, 김영진
편집 김혜선, 전민서, 백서연
디자인 페이지제로
관리 이지현, 김영진
마케팅 (주)새빛컴즈
유통 새빛북스

펴낸곳 도서출판 새빛
전화 (02) 2203-1996, (031) 427-4399 **팩스** (050) 4328-4393
출판문의 및 원고투고 이메일 svcoms@naver.com
등록번호 제215-92-61832호 **등록일자** 2010. 7. 12

값 20,000원
ISBN 979-11-94885-09-2 03300

* 도서출판 새빛은 (주)새빛컴즈, 새빛에듀넷, 새빛북스, 에이원북스, 북클래스 브랜드를 운영하고 있습니다.
* 파본은 구입처에서 교환해 드리며, 관련 법령에 따라 환불해 드립니다.
  다만, 제품 훼손 시에는 환불이 불가능합니다.